역발상,

스포츠 역사를 바꾸다

역발상,
스포츠 역사를
바꾸다!

기영노 지음

당신이 모르는 스포츠 이야기
스포츠 역사를 바꾼 한 사람의 생각
"한번 이렇게 해보면 어떨까?"

시간의물레

인류의 역사는 '발상의 전환'으로 한 단계씩 발전해 오고 있다. 15세기 말 아메리카 신대륙을 발견한 크로스토퍼 콜럼버스의 '달걀'이야기는 '발상의 전환'의 원조격이다.

콜럼버스는 아메리카 대륙 상륙에 대한 논란이 불거지자, 즉석에서 달걀세우기 논쟁을 벌였다. 콜럼버스가 달걀을 집어 들어 내려 친 후 밑을 평평하게 깨고 바로 세우자 시시비비가 일단락되었다. 위의 이야기 속에는, 모든 일이라는 것이 지나고 보면 별것 아닌 듯싶지만 언제나 최초의 '발상의 전환'이 어렵다는 메시지가 들어 있다.

또한 뉴턴은 17세기 중반 사과가 나무에서 떨어지는 것을 보고 그냥 지나치지 않고 "왜 사과는 옆이나 위가 아니라 수직으로 떨어지는 것인지?"라는 보통사람과 다른 생각

즉 발상의 전환으로 만유인력 즉 '중력의 법칙'을 깨달았다.

20세기 중반 한반도에서 벌어진 동족상잔의 비극, 6.25 전쟁의 터닝 포인트가 된 것은 다름 아닌 유엔군 사령관 맥아더 원수의 '인천상륙작전' 감행이라는 '발상의 전환'이었다.

당시 인천상륙작전에 미 합동참모본부와 해군 및 해병대 측은 맹렬히 반대했다.

첫째, 인천 앞바다는 간만의 차가 심해 작전을 할 수 있는 날이 한 달에 3일밖에 안 되고, 그 또한 밀물이 꽉 들어차는 아침과 저녁 3시간 안에 작전을 완료해야 하기 때문이었고, 둘째, 인천항은 대규모 상륙함대가 입항하기에 너무 좁을 뿐만 아니라, 월미도를 먼저 점령해야 하기 때문에 하루에 월미도와 인천을 모두 점령해야 하는 부담이 따랐기 때문이며, 셋째, 높은 절벽의 상륙 해안을 기어오르기가 어렵고, 그것을 극복을 한다 해도 곧바로 북한 정규군과 시가지전을 벌여야 한다는 등의 이유를 내세워 반대를 했다.

그러나 맥아더 원수는 여기서 '발상의 전환'을 했다.

북한군도 우리와 똑같은 생각을 하고 있어, 적군이 인천상륙작전을 감행 할 것을 염두에 두고 있지 않을 것이기 때문에 역으로 실행해야 한다는 것이다.

결과적으로 맥아더의 인천상륙작전이라는 '발상의 전환'은 우리민족의 생사를 결정지었을 만큼 중요했다.

그리고 2000년대 미국의 스티브잡스는 누구도 생각하지 못했었던 컴퓨터를 전화기에 입력시키는 발상의 전환으로 '아이폰'을 대중화시켰다.

이와 같이, 스포츠에도 '발상의 전환'으로 역사를 새로 쓴 사례가 적지 않다.

수영에서 '플립 턴'을 처음으로 시도해 1936년 베를린 올림픽 금메달을 따낸 아돌프 키에프, 상대 선수를 '오르막길에서 추월하는 것보다 내리막길에서 따돌리는 것이 효과적'이라는 평범한 진리를 마라톤에 접목해서 '몬주익 언덕' 신화를 만들며 1992년 바르셀로나 올림픽 남자마라톤을 제패한 황영조, 육상 400m 계주에서 바통터치를 기존의 오버가 아닌 언더패스라는 발상의 전환으로 약 0.3초의 시간을 단축해 2008 베이징 올림픽에서 아시아 국가로는 처음으로 동메달을 차지한 일본육상, 쇼트트랙에서 날 드밀기 등의 '발상의 전환'으로 세계를 여러 차례 제패했던 한국 빙상, 스키 점프에서 'V자세'를 취해 처음에는 웃음꺼리였던 스웨덴의 얀 보클뢰브의 기발한 아이디어, 그리고 1936년 베를린 올림픽을 유치한 당시 독일 수상 히틀러는 '성화 봉송'이라는 발상의 전환으로 자신이 침입할 국가들의 지형을 숙지, 2차 세계대전의 진격로로 삼기도 했다.

스포츠에서 세계 정상에 오른 선수가 모두 '발상의 전환'

을 한 것은 아니지만, 발상의 전환을 한 선수 치고 세계정상을 차지하지 못한 선수는 별로 없다. 그러고 보면 '발상의 전환'은 스포츠평론가라는 새로운 직업을 창출하기도 했다.

1980년대 초 M 본부의 모 프로듀서가 방송이 끝난 후 "야구 전문기자가 육상도 많이 아는 것 같으니까 앞으로는 야구전문기자 대신 스포츠평론가로 부르겠다."고 말한 것이 평생직업이 되고 말았다.

"외로운 승부사들" "재미있는 스포츠이야기" "대통령과 스포츠" "설렁설렁 스포츠" 등에 이어 이번에 28번째 책을 펴낸다. 기레기 소리를 듣지 않기 위해서 발악을 해 온 결과다. 일단 30번째 책이 목표다.

2016년 7월
그 하늘 묵덤던 날
서래마을에서

Contents

유튜브로 배워서
세계를 정복한 줄리우스 예고

투창은 창을 29도 각도 안으로 던지는 종목으로, 여자 선수는 길이 2.2m 무게 600g, 남자 선수는 길이 2.6m, 무게 800g의 창을 사용한다.

창던지기는 핀란드, 체코 등 북유럽 선수들이 강하고, 그동안 올림픽과 세계선수권대회에서 아프리카 선수들이 메달을 딴 적이 한 번도 없는데, 케냐의 줄리우스 예고 선수는 아프리카 선수 최초로 지난해 2015 베이징 세계육상선수권대회에서 금메달을 차지했다. 코치도 없이 유튜브를 보고 창던지기 기술을 배웠다고 해서 세계육상계를 깜짝 놀라게 했다.

줄리우스 예고 선수는 2001년에 딱 한번 정식코치를 받은 적이 있었다.

당시 국제육상연맹 IAAF는 개발도상국의 육상 발전을 위해서 해외연수 프로그램을 마련했는데, 당시 줄리우스 예고도 선발되어서 투창 강국 핀란드에서 약 일주일 동안, 잠깐 코치를 받은 적이 있었다. 줄리우스 예고는 핀란드에서 짧은 교육을 받고 케냐로 귀국한 이후 인터넷을 뒤져서 유튜브 동영상을 보고 개인 훈련을 시작했다.

어차피 코치에게 지도를 받을 여건이 안 되니까 돈 안 드는 유튜브를 코치로 하겠다는 역발상을 한 것이다.

또한 투창에서는 세계선수권대회나 올림픽에서 유색인종 선수가 한 번도 금메달을 딴 적이 없는데, 자신이 처음으로 해내겠다는 개척자 정신도 한 몫을 했다.

줄리우스 예고 선수가 교과서로 삼은 유튜브 동영상은 투창계의 전설 체코의 '얀 젤레즈니'가 투창을 던지는 모습이었다.

얀 젤레즈니는 1992년 바르셀로나 올림픽, 1996년 애틀랜타 올림픽 그리고 2000년 시드니 올림픽까지 남자 투창 3연패를 했고, 세계선수권대회에서도 3번 우승을 차지했고, 현재까지도 94m를 넘긴 유일한 선수로 남아있는 그야말로 투창의 전설이다. 투창의 우사인 볼트로 생각하면 틀림없다.

얀 젤레즈니의 기록은 98m 48cm로 난공불락의 기록이다. 2위권 선수의 기록이 94m를 넘긴 적이 한 번도 없으니까 거의 전설적인 기록이라고 할 수 있다.

얀 젤레즈니가 투창, 즉 던지는데 소질이 있으니까 1996년 애틀랜타 올림픽이 끝난 직후 메이저리그 애틀랜타 브레이브스 팀이 투수로 전향시키려고 훈련을 시켰지만 실패했다.

얼마 전 타계한 서말구씨는 한국육상 100m 신기록 보유자로, 롯데 자이언츠에서 많은 도루를 기대하고 뽑았지만 한 경기에도 출전하지 못했듯이, 얀 젤레즈니도 최고 구속이 겨우 114km밖에 나오지 않았다.

투수의 구속이 114km 정도면 사회인 야구의 주전 투수 정도에 지나지 않은 것이다. 창을 멀리 던지는 근육과 야구공을 빨리 던지는 근육이 다르기 때문이다.

핀란드의 페레리 피로넨 코치는 "줄리우스 예고는 파워와 순발력은 별로다. 그러나 창을 던지기까지의 도움닫기와 창을 던지는 폼은 거의 교과서에 가깝다. 폼이 워낙 완벽해서 좋은 기록이 나오는 것 같다"고 평가했다.

줄리우스 예고의 기록은 무명시절부터 차근차근 올라오고 있다. 지난 2012 런던 올림픽에서 12위, 2013 모스크바 세계 육상선수권대회 4위, 그리고 2015 베이징 세계육상 선수권대회에서는 92m 72cm를 던져 대망의 금메달을 땄다.

2016 리우데자네이루 올림픽에서는 금메달과 함께 얀 젤레즈니 이후 한 명도 던지지 못했었던 94m 고지를 넘는 게 목표다.

하늘을 보고 날아라

1963년 4월 12일 메드포드 고등학교 2학년에 재학 중이던 딕 포스버리는 높이뛰기 선수 테스트에서 1m 60cm를 넘는 데 실패했다.

"아~ 나는 소질이 없나보다."

딕 포스버리는 너무 실망한 나머지 높이뛰기 선수를 포기하려 했다. 사실 포스버리는 천부적으로 높이뛰기 선수의 기본인 순발력이 떨어졌고, 스피드도 그다지 뛰어나지 않았다. 다만 다리 힘이 강했는데, 그 강한 다리 힘을 살리지 못한 것이다.

그 당시만 해도 높이뛰기는 땅을 보고 넘는 정면 뛰기(Scissors Jump, 일명 가위뛰기), 웨스턴 롤 오버(Western Roll over), 벨리 롤 오버(Belly Roll over) 3가지 밖에 없었다.

정면 뛰기는 바(Bar)를 향해 정면 또는 좌우 45도 각도에서 달려와 넘는 것이다. 그 동작은 바 위에 걸터앉는 자세로 해서 두 다리를 가위처럼 엇갈리게 쳐들면서 넘는 가장 기초적이고 자연스러운 방법으로 1940년대까지 유행했었다.

웨스턴 롤 오버는 1900년대 초반 미국의 스탠포드 대학의 조지 호라인이 개발한 기술이다. 바 위에서 바와 평행 되게 몸을 옆으로 눕혀서 옆으로 돌면서 넘는 방법이다. 모로 넘기의 전형적인 기술로 정면 뛰기가 유행하기 전 그러니까 1930년대까지 성행했다.

벨리 롤 오버는 배를 땅 쪽으로 향하게 하고 넘는 기술이다. 그러니까 공중동작에서 들어 올린 다리가 먼저 바를 넘고 일단 바에 올라 탄 듯한 자세를 취한 다음에, 몸을 뒤집어 배가 지면을 향하게 하면서 발 구름 한쪽 다리를 넘기는 기술로 딕 포스버리가 이 기술로 1m 60cm도 넘지 못한 것이다.

그러나 1941년 미국의 레스터 스티어가 그 기술로 2m 11cm를 넘었었고, 딕 포스버리가 고등학교 높이뛰기 선수가 되려던 당시 구소련의 발레리 부루벨은 2m 20cm를 넘나들며 무려 6번의 세계신기록을 세웠다. 딕 포스버리는 기존의 방법(벨리 롤 오버 등)으로는 도저히 좋은 기록을 낼 수 없다고 판단했다.

"왜 땅을 보고 넘어야만 하지… 다른 방법은 없을까?"

답답해진 포스버리는 도니 윌리엄스 코치를 찾았다.

"아무래도 다른 선수보다 스피드와 순발력이 떨어지기 때문에 기존의 방법으로는 한계가 있을 것 같아요."

"우리가 세 가지 방법을 다 시도해 봤지…."

"네. 세 가지 방법 모두 저에게 맞지 않는 것 같아요."

"나도 그렇게 생각한다. 하지만 뾰족한 수가 없구나."

사실 도니 윌리엄스 코치도 스피드와 순발력이 떨어지는 포스버리에게 큰 기대를 걸고 있지 않았다.

윌리엄스 코치는 포스버리가 가장 몸에 맞는 '벨리 롤 오 버' 기술을 완전히 습득하면 지금보다 더 좋은 기록을 낼 수 있다는 원론적인 얘기만 해줄 수 있을 뿐이었다.

포스버리는 우연히 어느 날 체조 경기장에서 도마 경기를 보다가 문득 생각이 났다. 도마 선수들이 뒤로 돌아서서 공중돌기를 하는 것이 아닌가?

"그래 맞아. 바를 뒤로 넘으면서 회전을 하는 거야."

이후 포스버리는 고심 끝에 막대기를 향하여 달려가서 얼굴을 앞으로 하여 뛰어넘을 동안에 다리를 똑바로 뻗어 보았다. 훨씬 편했다. 그러다가 같은 폼으로 하늘을 보며 누워서 넘어 보았다. 더욱 편했다. 그는 결국 바에 오르는 순간 몸을 뒤로 틀어 등부터 바에 올랐다. 이때 배는 위를, 등은 밑을 향하게 된다.

문제는 거리와 각도였다. 과연 어떤 각도, 몇 미터 지점에서 달려와서 발을 굴러야 자신의 강한 다리의 힘을 이용해서 가장 높이 날 수 있는 것인가가 관건이었다.

딕 포스버리는 바 앞에서 발 구름 할 지점을 미리 정해놓고, 거기에 맞게 호흡, 보폭 그리고 속도를 조절하는 훈련을 반복했다. 딕 포스버리는 폭발적인 발 구름을 할 수 있는 각도는 약 40도, 거리는 15m라는 결론을 얻었다.

그는 자신이 개발한 신기술로 2m 2cm를 넘어 메드포드 고등학교 신기록을 세웠고, 이듬해인 3학년 때는 오리건 주립대회에서 2m 12cm로 준우승을 차지했다. 그는 1965년 오리건 주립대학에 진학한 후 해마다 기록이 향상되어 1968년 멕시코 올림픽 미국 예선 때 2m 22cm를 넘어 메달권에 육박했다. 그러나 당시 세계신기록은 구소련의 발레리 부르벨이 갖고 있는 2m 28cm였기 때문에 만약 발레리 부르벨과 경쟁을 하게 된다면 '포스버리 플립'이라는 신기술을 개발한 그는 잘 해야 은메달이었다. 발레리 부르벨은 당시 세계최고의 선수였다. 1960년 로마 올림픽에서 2m 16cm로 같은 높이를 넘었지만 구소련(러시아)의 사발키제 선수에게 시기 차(같은 기록을 먼저 넘거나 실패가 적은 선수가 유리)로 패해 은메달에 머물렀고, 1964년 도쿄 올림픽에서는 미국의 토마스와 같은 높이(2m18cm)를 넘었지만 역시 시기 차로 금메달을 땄다. 그러니까 발레리 부르벨은 지난 두 번의 올림픽에서 금메달 1개, 은메달 1개를 획득했을 뿐만 아니라 당시 세계신기록인 2m 28cm(1963년에 세움)를 보유하고 있는 난적중의 난적이었다.

그러나 올림픽 금메달은 하늘이 점지해준다고 하지 않은 가? 올림픽에서 금메달을 따려면 당시 자신의 컨디션이 최고조에 올라 있어야 하고, 라이벌은 부상 중이거나 컨디션이 좋지 않아야 한다.

발레리 부르벨은 도쿄 올림픽에서 금메달을 획득한 이후 오토바이 사고로 무려 29번의 다리수술을 받으면서 사실상 은퇴 상태에 있었다.

1968년 10월 20일, 해발 2277m 고지에 자리 잡은 멕시코시티 멕시코 올림픽 주경기장, 미국의 포스버리와 가르터스 그리고 구소련의 가빌로프가 남자 높이뛰기의 올림픽 신기록(종전 1964년 도쿄 2m18cm)을 2cm 경신한 2m 20cm를 나란히 넘은 후 또다시 2cm를 올려 2m 22cm에 도전하고 있었다. 그런데 구소련의 가빌로프가 2m 22cm 높이에 세 번의 도전에 모두 실패해서 먼저 동메달을 확정지었다.

이제 2m 22cm에서 2cm 더 높인 2m 24cm.

포스베리와 가르터스 두 미국 선수의 한 치도 양보할 수 없는 집안싸움이 치열하게 전개되었다. 딕 포스버리가 자신이 고안해 낸 포스버리 뛰기(Fosbury flop), 즉 배면도(背面跳)로 가볍게 2m 24cm를 넘은 반면, 벨리 롤 오버 기술을 시도한 가르터스는 세 번의 도전에 모두 실패했다. 딕 포스버리는 자신이 의도하지는 않았지만, 라이벌 가르터스나 가빌로프 선수보다 훨씬 과학적인 방법을 사용한 셈이다.

보통 배꼽 아래 2.5㎝에 있는 무게중심을 들어 올리려면 많은 힘이 필요하다. 배면도를 쓰면 바를 넘을 때 몸이 만든 ∩자 모양의 빈 공간에 무게중심이 놓인다. 이때 무게중심은 정면도나 복면도를 쓰는 선수가 같은 높이에 도달했을 때보다 10㎝정도 낮다. 즉 무게중심을 적게 들어 올리고도 같은 높이를 넘을 수 있는 것이다. 다시 말하면 같은 힘을 쓰고도 10㎝정도 더 높이 날 수가 있게 되는 것이다.

만약 높이뛰기에서 뛰어난 소질을 갖고 있지 못한 포스버리가 기존의 벨리 롤오버 방법을 고집했다면 2m 20cm도 넘지 못해서 올림픽 금메달은커녕 미국 올림픽 선발전도 통과하지 못했을 것이다. 4년 후 1972년 뮌헨 올림픽에서 40명의 선수들 중 28명이 포스버리의 기술 즉 배면도를 이용하였다.

이후 1972년 뮌헨 올림픽부터 2000년 시드니 올림픽에 걸쳐 36명의 올림픽 메달리스트들 중 34명이 "포스버리 기술"을 이용하였다. 그리고 오늘날 전 세계 높이뛰기 선수들이 '포스버리 기술'을 이용하고 있다.

현재 세계신기록(2m 45cm)을 보유하고 있는 쿠바의 소토마요도 역시 '포스버리 기술'로 신기록을 세웠다.

배영의 플립 턴

김연아는 피겨 스케이팅이라는 생소한 종목을 한국인들의 가슴속에 꽃이 피게 했다. 김연아가 불러주기 전에는 피겨 스케이팅은 우리에게 그저 하나의 낯선 스포츠에 지나지 않았었다.

수영이 우리에게 다가서기 시작한 것은 조오련 때문이었다. 1970년 방콕 아시안게임 이전까지만 해도 우리에게 수영은 육상에 이어서 메달이 가장 많은 기본종목이라는 것 외에는 거의 알려지지 않았다.

조오련은 남자 자유형 1500m에서 아시아뿐만 아니라 세계의 수영왕국을 자처하던 일본 선수들을 모두 제압하고 아시아 신기록을 세우면서 금메달을 따더니 400m까지 석권, 2관왕을 차지하면서 화려하게 등장했다.

조오련은 자신의 금메달을 예상했었는지 한산 모시로 산뜻하게 지은 한복을 몸에 걸치고 태극 마크가 선명한 흰 천을 머리에 두른 채 당당하게 시상대에 올라 아시아의 정상임을 과시했다.

수영의 자유형, 평영, 접영, 배영 등 4개 스타일 가운데 우리가 배영에 관심을 보이기 시작한 것은 '아시아의 인어'로 불리었던 최윤희 때문이었다.

최윤희는 1980년대 배영 100m와 200m에서 언니 최윤정과 한국, 아니 아시아 정상을 다투며 "형제(자매)는 용감했다"를 과시했었다. 최윤희는 끝내 언니(최윤정)을 극복하고 1982년 뉴델리 아시안게임 여자배영 200m에서 2분21초96의 아시아 신기록으로 금메달을 따내더니 배영 100m와 함께 덤으로 개인혼영 200m까지 석권해서 3관왕을 차지했다.

최윤희는 4년 후인 1986년 서울 아시안게임 때는 배영 100m와 200m에서 금메달을 차지해 두 대회에서 5개의 금메달을 획득했고, 배영에서만 100m와 200m를 두 대회 연속으로 우승을 차지해 4개의 금메달을 획득했다.

배영은 수영에서도 독특한 종목이다. 자유형, 평영, 접영과는 달리 물속에서 출발하고, 누워서 헤엄을 친다.

올림픽 종목에는 1896년 1회 아테네 대회 때는 자유형만 열려서 포함되지 않았지만, 1900년 2회 파리 대회 때는 배영 200m가 처음 채택이 되었다. 그리고 1904년 3회 세인트루이스 올림픽 때 배영 100야드 종목이 처음으로 들어갔고, 1908년 4회 런던 올림픽 때 배영 100m가 실시되기 시작했는데, 당시 금메달 기록은 독일의 비버스타인 선수가 세운 1

분24초06이었다. 90여 년 전이기는 하지만 지금의 초등학교 초등부(1~3학년) 수준의 기록으로 세계정상에 오른 것이다.

이후 배영은 미국의 독무대였다.

1912년 스톡홀름 올림픽에서는 미국의 해브너가 1분21초02, 1920년 앤트워프 올림픽 미국 케일로하 1분15초02, 1924년 파리 올림픽 미국 케일로하가 자신이 갖고 있던 세계신기록을 2초 단축한 1분13초02로 올림픽 2연패를 달성했다.

1928년 암스테르담 올림픽에서는 미국의 조지 코잭 선수가 1분08초02로 금메달을 따는 등 금, 은(월터 라우퍼)메달과 동(폴 와이어트)메달까지 독식했다.

그러나 1932년 LA 올림픽에서 미국 선수들을 4위권 이하로 밀어버리고 일본의 기요가와 선수가 1분08초06으로 금메달은 물론 은메달(아라이), 동메달(가우아스)을 모두 휩쓸었다.

미국의 배영독주 시대가 끝나 가는 듯 했지만, 1936년 베를린 올림픽에서 아돌프 키에퍼 선수의 등장으로 미국이 다시 정상을 되찾았다.

아돌프 키에퍼가 50m 턴 지점에서 '플립 턴'이라는 터치를 하는 독특한 방법으로 당시 세계기록을 무려 1초 이상 단축한 1분05초09의 엄청난 기록으로 금메달을 따낸 것이다.

아돌프 키에퍼는 1918년 6월 27일 미국 일리노이주 시카고에서 태어났다. 아버지 아돌프 키에퍼 시니어는 아들이 수영에 소질이 있다는 것을 간파하고 6살이 되자 어린이 수영학교에 집어넣었다. 아돌프 키에퍼는 자유형이나 접영 평영 등에서는 다른 아이들보다 별로 뛰어나지 않았다. 그러나 배영에서는 2~3살 위의 형들보다도 빨랐다.

"아버지 저는 배영이 제일 재미있어요."

"배영으로 다른 애들 자유형만큼이나 빠르게 헤엄치더구나."

아돌프 키에퍼 시니어는 아들의 배영 실력에 매우 만족했다. 그러나 한계가 있었다. 미들스쿨에 들어가면서 기록 향상이 매우 더뎠다. 하이스쿨에 진학을 해서도 아돌프 키에퍼는 평범한 선수에 지나지 않았다.

어느 날 아돌프 키에퍼 시니어가 아들에게 물었다.

"턴을 할 때 반드시 손을 짚어야 하니?"

"아뇨, 배영과 자유형은 턴을 할 때 아무런 규정이 없어요. 다만 손이건 발이건 반드시 벽에 터치를 해야만 해요"

아들의 말을 들은 아돌프 키에퍼 시니어는 곰곰이 생각했다. 그리고 손보다는 발로 터치를 하면 더 강한 추진력을 받을 것이고, 문제는 어떻게 물속에서 회전을 하면서 발로 터치를 하는 것이냐에 달려 있다는 결론에 도달했다.

그런데 어느 날 다이빙 경기를 보다가 선수들이 플립자세로 떨어지는 것을 보고 결정적인 아이디어를 얻었다.

"그래! 턴 지점에서 플립자세로 도는 거야."

아돌프 키에프 시니어가 아들에게 '플립 턴'의 아이디어를 알려 준 뒤, 두 사람은 곧 훈련에 돌입했다.

그 결과 자신의 기록을 거의 수초 이상 단축할 수 있었다. 배영 100m 1분 8~9초대의 평범한 선수였던 아돌프 키에퍼는 플립 턴으로 1분07초 또는 1분 06초까지 기록을 단축해서 베를린 올림픽에서는 1분05초09라는 세계신기록으로 금메달을 획득하는 세계적인 선수가 된 것이다. 그러나 아돌프 키에퍼는 불행한 선수였다.

아돌프 키에퍼가 1936년 베를린 올림픽에서 금메달을 딸 때 나이가 겨우 만 17세였다. 남자 배영 선수의 전성기가 20대 초반이라는 점을 감안하면 최소한 두 번의 올림픽에서 더 금메달을 딸 수 있었다. 그러나 2차 세계대전이 발발해 1940년 올림픽은 물론 1944년 올림픽까지 취소되는 바람에 더 이상 금메달을 딸 기회조차 얻지 못한 것이다.

1936년 베를린 올림픽에서 아돌프 키에퍼가 금메달을 딸 때 세운 세계신기록(1분05초09)이 얼마나 대단한 기록이었는가. 그로부터 12년 후에 벌어진 1948년 런던 올림픽 때 입증이 되었다.

1948년 런던 올림픽 남자배영 금메달은 미국의 A. 스탁 선수가 차지했는데, 기록이 12년 전 아돌프 키에퍼가 세운 세계신기록(1분05초09)보다 0.5초나 늦은 1분06초04에 그쳤다.

올림픽에서 아돌프 키에퍼의 기록이 깨진 것은 1952년 헬싱키 올림픽이었다. 헬싱키 올림픽 남자배영 100m 금메달은 일본의 오아까와 선수가 차지했는데, 기록이 1분05초04로 아돌프 키에퍼 보다 0.5초 빨랐다.

어쨌든 지금은 전 세계의 초등학교부터 올림픽 수영선수까지 모든 배영 자유형 선수들은 50m 지점에서 플립 턴을 하고 있다. 그러나 평영과 접영은 50m 턴 지점을 반드시 두 손으로 짚어야 하므로 플립 턴을 할 수 없다.

배구의 시간차 공격

1964년 도쿄 올림픽은 아시아뿐만 아니라 아프리카 남미 등 당시 개발도상 대륙에서 열린 최초의 올림픽이었다.

일본은 원래 1940년 12회 올림픽을 열기로 했었다. 1937년 7월 31일 베를린 아드론 호텔에서 있었던 IOC 즉 국제올림픽 총회에서 도쿄는 36표, 핀란드 헬싱키 27표를 9표 차이로 제치고 올림픽 개최권을 따냈다.

그러나 1937년 7월 일본이 중국을 침공함으로서 도쿄 올림픽 개최에 먹구름이 끼기 시작했다.

결국 1938년 7월 15일 일본의 각의(閣議)는 도쿄 올림픽 준비의 중지를 결정하고 IOC에 알리기에 이르렀다.

1938년 핀란드 올림픽 위원회는 도쿄가 반납한 12회 올림픽을 개최하기로 결정했지만, 독일군의 폴란드 침공으로 12회 올림픽은 끝내 유산되고 말았다.

2차 세계대전이 끝난 후에도 올림픽은 패전국인 일본에서 열릴 수가 없었다. 이후 런던(1948), 헬싱키(1952) 멜버른(1956) 로마(1960)에서 개최되다가 1964년 도쿄에서 개최하기에 이르렀다.

　도쿄 올림픽을 개최한 일본은 개최국 자격으로 국기인 유도와 세계에서 가장 성행하고 있는 배구를 정식종목으로 집어넣었다.

　배구는 60년대 초까지는 주로 9인제 배구를 했지만, 일본은 6인제 배구가 성행하고 있었다. 당시 도쿄 올림픽에 출전한 6팀의 평균 신장을 보면 한국이 167.25cm로 가장 작았고, 일본이 168.83으로 역시 60cm 대였다. 그러나 루마니아만 170cm 안팎(169.63cm)이었을 뿐 당시 세계정상권 팀이었던 구소련(러시아)는 172.91cm로 한국과 일본 선수들 보다 3~4cm 컸고, 폴란드(173.08)를 비롯해서 미국(178.58cm)은 거인 팀이었다.

　배구는 2m 24cm(여자배구)의 네트를 사이에 두고 경기를 하는 스포츠이기 때문에 키가 큰 것이 절대적으로 유리하다.

　따라서 한국과 일본은 다른 4팀과 비슷한 훈련 양과 기술로 상대하면 백전백패를 당할 수밖에 없었다. 일본은 여자배구에서 금메달을 따기 위해서 다이마쓰 히로후미(1921~1987) 감독을 영입해서 상상을 초월하는 강한 훈련을 시켰다.

　당시 일본 여자배구 국가대표 선수들은 일반 실업팀에서 선발한 선수들이 아니었다. 가이즈가의 다이니폰 공장에 있는 1242명의 여공 가운데서 선발했다.

그들은 매일 아침 7시에 일어나 오후 3시 30분까지는 공장에서 일을 했다. 그리고 체육관으로 달려가서 밤 12시까지 하루 평균 12시간씩 강훈련을 거듭했다. 올림픽이 열리기 1년여 전부터 거의 500일 가까이 하루도 쉬지 않고 훈련을 했다.

선수들에게는 사생활이 없었다. 7시간 정도의 근무시간 외에는 오로지 훈련에 모든 시간을 바쳤다. 누가 시켜서 한 것이 아니라 오로지 '올림픽 금메달'이라는 개인과 국가의 목표 아래 똘똘 뭉친 것이다. 대부분의 선수들이 결혼적령기에 들어갔지만 아무도 결혼할 생각을 하지 않았다.

주장이었던 가사이 마사에는 올림픽이 끝난 후 "사실 대부분의 선수들이 결혼과 올림픽 금메달 사이에서 고민을 했다. 그러나 모두 올림픽 금메달을 택했다"고 실토했다. 12명의 이 같은 선수들이 한 몸같이 움직여서 당시에 비기(秘技)라고 할 수 있는 시간차 공격과 회전수비를 완성한 것이다.

세계 배구계는 도쿄 올림픽에서 다이마쓰가 '동양인의 한계'를 인정하고 개발한 신기술 시간차 공격과 '회전수비'(롤링 리시브)에 주목했다.

몸을 던져 공을 막아내고 한 바퀴 돌아 일어서는 전혀 새로운 수비방식. 아무리 강타를 퍼부어도 마치 오뚝이처럼 끊임없이 몸을 뒹굴며 받아내고 일어서는 일본의 수비에 상대 팀들은 기가 질렸다.

시간차 공격은 공격수 한 명이 속공할 것처럼 점프해 상대 블로커를 현혹시키는 순간 다른 공격수가 시간차를 두고 점프해 공격하는 것을 말한다.

또한 일본의 모리타 준코 선수가 처음 시도한 공격수 혼자서 속공할 것처럼 점프했다가 떨어지면서 스파이크 하는 개인 시간차 공격도 있다.

시간차 공격은 세터와 두 명의 공격수가 한 치의 오차도 없이 움직여야 하므로 조직력 없이는 시도하기 힘들다. 두 선수가 마치 한 몸처럼 타이밍을 맞춰야 하기 때문에 끈끈한 조직력이 필요했다.

도쿄 올림픽 당시 일본을 제외한 다른 팀들은 주로 오픈 공격에 의존했다. 작은 키의 일본은 시간 차 공격으로 상대의 블로킹을 피하고, 상대의 오픈 강타는 회전수비로 막아내며 승승장구 했다.

일본 여자배구의 꽃은 결승전에 활짝 피었다.

1964년 10월 23일. 도쿄 올림픽 여자배구 마지막 경기는 고마자와 실내체육관에서 벌어졌다.

"동양의 마녀" 일본이 소련에게 승리해 금메달을 획득하며 환희에 넘치는 순간 TV 시청률은 전무후무(前無後無)하게 80퍼센트에 육박했다.

거리에 자동차가 거의 다니지 않았고, 상점도 일찌감치 문을 닫아 도쿄는 마치 유령도시를 방불케 했다.

결국 일본은 구소련(러시아)를 비롯해서 미국, 체코, 루마니아, 폴란드, 한국 등을 모두 물리치고 5전 5승의 기록으로 금메달을 차지했다.

도쿄 올림픽 여자배구에서 5전 전패로 최하위에 머무른 한국 여자배구는 희생양이었다.

구기종목이 올림픽 정식종목으로 인정을 받기 위해서는 최소한 6팀이 출전해야 한다. 그런데 올림픽 개막식 직전에 올림픽 출전권을 갖고 있던 북한이 갑작스럽게 보이코트를 하는 바람에 한국이 어부지리로 출전을 하게 된 것이다.

한국 여자배구 대표 팀은 비록 한 세트도 **빼앗지** 못하고 5전 전패를 당했지만, 게임을 치를수록 경기력이 좋아졌다.

첫 경기인 구소련(러시아) 전에서는 0대15, 6대15 그리고 0대15로 겨우 6점을 따내는데 그쳤지만, 마지막 경기인 미국 전에서는 7대15, 13대15 그리고 13대15로 거의 대등한 경기를 했다.

도쿄 올림픽 후 일본 참의원 의원에 당선된 다이마쓰 감독은 한국에 상주하지는 않았으나 한일 간 거리가 가까웠으므로 여러 차례 국내배구 지도자와 선수들을 지도했다.

다이마쓰의 강 훈련방식을 받아들인 여자배구는 급속하

게 실력을 강화하여 그로부터 12년 후에 벌어진 1976년 몬트리올 올림픽에서 구기종목 사상 처음 메달(동메달)을 획득했고, 일본 여자배구는 도쿄 올림픽에 이어 두 번째로 금메달을 차지했다.

그러나 몬트리올 올림픽을 끝으로 장신으로 이뤄진 미국과 유럽 선수들이 시간차 공격 등 기술까지 겸비하는 바람에 일본, 한국 등 아시아 배구는 정상권에서 멀어진다.

2012 런던 올림픽에서 한국과 일본이 3, 4위전(일본 동메달)을 벌인 것은 모처럼 만에 아시아 여자배구가 세계정상권에 육박한 것이었다.

배구의 속공

일본 여자배구의 시간차 공격과 함께 속공은 일본의 남자 배구를 세계정상에 오르게 한 신기술이었다.

배구가 1964년 도쿄 올림픽에서 정식 종목으로 채택되자 마자 일본 여자배구는 시간차 공격이라는 신기술로 금메달을 따내며 일본 국민들의 사랑을 한 몸에 받았다.

그러나 일본 남자배구는 동구권 국가들의 등쌀에 밀려 동메달에 만족해야 했다. 당시 남자배구는 동구권 즉 공산권 국가들의 전유물(專有物)이었다.

도쿄 올림픽만 해도 결승전을 구소련(러시아)와 체코가 벌였고, 동메달을 딴 일본 외에 루마니아(4위), 불가리아(5위), 헝가리(6위) 등 6강 가운데 5개 나라가 동구권이었다.

이 같은 현상은 1968년 멕시코 올림픽에서도 반복되었다.

다만 일본이 체코와 자리를 바꿔서 결승전까지 올랐고, 루마니아 대신 동독이 들어왔을 뿐이었다. 멕시코 올림픽 남자배구 성적을 보면 구소련(러시아)이 결승전에서 일본을 꺾고 금메달을 따내 올림픽 2연패에 성공했고, 체코가 3, 4

위전에서 동독을 제압하고 동메달을 땄다. 그리고 폴란드와 불가리아가 5, 6위 안에 들었다.

1972년 뮌헨 올림픽은 배구에서 새로운 역사를 쓰게 된 올림픽이었다.

동구권 국가들 사이에서 고군분투하던 일본이 속공이라는 '전가의 보도'를 들고 나와 금메달을 차지한 것이다.

배구는 공격선(attack line) 앞에 3명, 뒤에 3명이 포진한다.

앞쪽의 3명은 공격은 물론 블로킹도 할 수 있다. 하지만 뒤쪽의 3명은 블로킹에 가담할 수 없고 공격은 공격선 뒤쪽에서만(백어택) 가능하다. 선수의 위치는 서브권을 뺏을 때마다 시계방향으로 한 자리씩 이동한다.

그런데 배구의 속공은 앞의 공격수들이 상대가 블로킹을 하기 전에 공격을 완수하는 것이다.

속공은 세터와 공격수 사이의 거리, 토스된 공의 높이에 따라 A퀵, B퀵, C퀵으로 구분된다.

A퀵과 B퀵은 네트 바로 위(약 30cm)에서 이뤄진다.

세터와 공격수 사이의 거리가 1~2m 사이면 A퀵, 그 이상 떨어지면 B퀵이라고 한다. 세터가 코트의 가장자리에서 네트보다 90cm 이상 높고 빠르게 토스한 공을 공격수가 스파이크하면 C퀵이라고 부른다.

일본은 이같이 현란한 속공 플레이로 결승전에서 동독을

세트스코어 3대1로 물리치고 아시아 국가로는 유일하게 남자배구 역사에서 '올림픽 금메달'이라는 찬란한 금자탑(金字塔)을 이룩했다.

1972년 뮌헨 올림픽 남자배구 성적을 보면 여전히 동구권 국가들이 대세를 이룬다. 금메달을 딴 일본 외에 동독(은메달), 구소련(러시아) (동메달) 그리고 불가리아, 루마니아, 체코가 그 뒤를 따르고 있다.

만약 스포츠에도 특허등록제가 실시된다면, 일본은 속공을 특허등록 했을 것이다. 그러나 스포츠에는 특허제도가 없기 때문에 뮌헨 올림픽 이후 다른 나라들도 속공 플레이를 연마하기 시작했다.

결국 1976년 몬트리올 올림픽에서 일본 남자배구는 메달권에서 밀려나고, 일본배구에서 속공을 영입한 한국 남자배구가 사상 처음 6위권에 올라섰다. 몬트리올 올림픽에 출전한 모든 나라들은 속공 플레이를 원조국가인 일본보다 더 빠르고 정확하게 구사했다.

스포츠에서 같은 조건 즉 같은 기술을 구사하면 십중팔구(十中八九) 체격이 좋은 서양 선수들이 동양 선수들에게 승산이 있다. 몬트리올 올림픽에 출전한 남자배구의 모든 팀들이 속공 플레이를 하는 바람에 일본 남자배구는 졸지에 4위로 밀려났다.

결승전은 폴란드와 구소련이 치러 폴란드가 사상 처음 금메달을 차지했고, 일본은 3,4위전에서 쿠바에게도 밀려나 4위에 그쳤다.

몬트리올 올림픽 남자배구는 이변이 많이 일어난 대회였다. 전 대회 금메달 국가인 일본이 4위로 떨어졌고, 6위권에도 들지 못했던 폴란드가 금메달을 따는가 하면 듣도 보도 못한 쿠바가 동메달을 가져갔다. 그리고 일본 배구의 영향을 받은 한국이 사상 처음으로 6위권 안에 들어왔다.

한국은 배구 사상 가장 강력한 스파이크를 구사했다는 평가를 받고 있는 강만수와 빠른 공격의 일인자 이인 이춘표 등이 고군분투, 금메달을 딴 폴란드와의 첫 번째 경기에서 먼저 두 세트를 따내고도 체력의 열세로 2대 3으로 패하고 말았다. 그리고 5~8위전에서는 브라질에게도 이겨서 결국 6위라는 사상 최고의 성적을 올렸다.

이후 남자배구는 1964년 도쿄 올림픽 때 일본 여자배구가 처음으로 시도한 시간차 공격과 함께 속공 플레이가 전형적인 패턴 플레이로 자리를 잡았다.

전 세계에서 배구를 하는 모든 국가들이 시간차 공격과 속공 플레이를 시도 했는데, 두 가지 패턴 플레이의 숙련도와 키가 큰 선수들의 오픈 공격의 위력에서 승부가 갈라졌다.

배구에서 또 다른 혁명이 일어난 것은 스파이크 서브의

등장이었다.

스파이크 서브가 나오기 전까지 모든 서버들은 '안전한 서브'만을 넣었다. 안전한 서브를 받은 상대 팀은 자신들이 준비했었던 패턴 플레이 즉 시간차 공격과 속공을 자유자재로 구사할 수 있었다.

그러나 강력한 스파이크 서브의 등장은 시간차 공격과 속공 플레이 즉 패턴 플레이의 원인을 없애버리는 혁명적인 것이었다.

처음으로 스파이크 서브를 구사한 선수가 당시 세계적인 공격수였던 한국의 장윤창 선수로도 알려져 있다.

스파이크 서브가 나오기 이전의 서브는 단지 경기진행의 개념으로 생각했다.

당시 규정 때문이기도 했는데, 당시까지만 해도 테니스처럼 서브가 상대 코트로 클린하게 넘어가야 했으며, 서브된 공이 네트에 스치기만 해도 무조건 범실이었다.

그런데 스파이크 서브는 정확도가 떨어지는데, 네트에 맞고 넘어가도 범실이다 보니 웬만큼 정확성을 갖추지 못한 상태에서 스파이크 서브를 넣는다는 것은 반쯤은 그냥 서브권을 넘겨주는 행위나 마찬가지였다. 당시 배구는 한 세트 15점제였지만 사이드아웃 시스템으로 서브를 넣은 팀이 이겨야만 점수가 올라갔고, 서브를 리시브 한 팀이 이기면

서브권만 받아오도록 되어있었다.

그러나 1999년부터 배구는 서브를 넣거나 받은 팀이 이기면 바로 점수가 올라가는 25점제 랠리포인트 시스템으로 바뀌었다.

공을 높게 띄우더니 마치 백어택을 하듯 강력한 스파이크로 서브를 넣는 개념인 스파이크 서브는 상대의 리시브라인을 초토화시켰고, 이전처럼 약속된 패턴 플레이를 할 수 없었다. 리시브를 해도 세터 머리 위로 제대로 올려놓지 못하고, 리시브는 짧아지고, 결국 패턴 플레이가 실종되며 단순한 좌우 사이드 오픈 공격 위주로 진행될 수밖에 없었다.

스파이크 서브에도 불구하고 효과적인 리시브를 개발한 감독이 미국의 덕 빌 감독이다.

덕 빌 감독은 사상 처음 '2인 수비 시스템'을 만들었다.

'2인 수비 시스템'은 정상적인 3명의 윙 플레이어를 2명의 레프트와 1명의 라이트로 구분하고, 후위에 있는 레프트와 센터(미들 블로커) 1명에게 수비를 전담시킴으로써 라이트를 수비에 제외시켜 공격에만 전념할 수 있게끔 만드는 시스템이다.

라이트를 수비에서 제외시키는 이유는 현실적으로 스파이크 서브를 리시브 한 후 곧바로 공격에 들어가기 어렵기 때문이다.

그래서 항상 전위, 후위에 1명씩 있으며 코트 왼쪽에 있는 레프트 윙 리시버와 달리 서브와 동시에 수비에서 빠져 토스를 준비하는 세터와 대각으로 돌아가는 라이트 윙 리시버의 위치를 활용해, 세터처럼 수비에서 면제시키고, 세터가 불안한 리시브 때문에 패턴 플레이를 진행하지 못할 경우 오픈으로 라이트공격을 진행시키기 위해 수비를 면제해 주는 것이다.

그러나 '2인 수비 시스템'으로도 강력한 스파이크 서브를 막기 어려워 싱겁게 점수를 허용하는 경우가 잦아지자 수비 전문선수 리베로시스템을 도입했다. 리베로의 등장으로 센터(미들 블로커)가 후위로 가면 리베로와 교체되는 식으로 바뀌게 된다.

그러나 스파이크 서브와 리베로의 등장도 아시아권 팀들의 세계정상 정복은 요원하다. 그 만큼 시간차 공격이나 속공 플레이는 배구의 틀을 깨트리는 혁명적인 기술이었다.

언더핸드 패스의 위력

육상은 지구상에 스포츠가 생긴 이후 가장 기본이 되는 종목이다.

또한 올림픽이나 아시안게임 또는 유니버시아드 대회가 열릴 때마다 메인스타디움에서 경기를 갖는 메인 종목이기도 하다. 세부 종목 수도 스포츠 가운데 가장 많아서 47개 종목이나 된다.

육상 가운데에서도 가장 인기 있는 종목은 지구촌에서 가장 빠른 인간을 가리는 100m다.

100m의 경우에는 단순하게 빠른 선수가 1위를 하는 경우가 많기 때문에 기록이 앞선 선수가 우승을 차지하는 게 보통이다.

그러나 스프린터 4명이 한 팀이 되어서 승부를 겨루는 400m 계주는 100m보다 더 박진감이 있고, 4명의 선수 배치나 레이스 운영의 묘미도 볼 수 있는 종목이다.

400m 릴레이는 한 팀 4명의 선수가 바통(길이 28~30cm, 무게 50g 이상)을 터치 구역(20m) 안에서 주고받으며 400m를 완

주하는 경기다. 터치 구역을 벗어나서 바통을 주고받으면 실격이다.

현재 400m 계주 세계신기록은 지난 2012 런던 올림픽 때 금메달을 따낸 자메이카 팀이 세운 36초84이다.

그런데 36초84를 4로 나누면 9초21이 나온다. 자메이카 세계최고의 스프린터 우사인 볼트가 갖고 있는 100m 달리기 세계신기록이 9초58인데, 4명의 선수 평균이 9초21라는 기록은 어디서 나온 걸까? 만약 100m를 9초58의 스피드를 갖고 있는 우사인 볼트 같은 선수 4명이 달린다면 400m 기록은 수치상으로 38초32에 그쳐야 한다.

이는 출발 때문에 빚어지는 현상이다.

400m 계주는 한 팀 4명이 각각 따로 출발하는 게 아니라 1번 주자 외에 나머지 3명의 선수는 출발 이후 100m, 200m, 300m 지점에서 전력질주를 할 준비를 하다가 이미 가속이 붙은 상태에서 달려오는 선수들의 바통을 이어받으며 달리기 때문이다. 그러니까 1번 주자 외에 나머지 3명의 주자는 100m를 출발해서 전력질주를 할 수 있을 때까지 30m 정도 준비 시간을 버는 셈이다.

따라서 한 팀 4명을 그 선수의 특성에 맞게 요소에 잘 배치해야 한다.

한 팀 구성은 첫 번째 주자가 출발하면서 바로 코너를 돌게 된다. 그래서 4명의 선수를 구성할 때 스타트의 반응 속도가 빠르고 곡선 주로를 잘 달리는 선수를 1번 주자로 배치한다. 두 번째 주자는 직선 주로에 강하고 바통 인계를 능수능란하게 하는 선수로 한다. 세 번째 주자는 첫 번째 주자 보다 스타트 반응 속도는 느리지만 곡선을 잘 타고 4명의 선수 가운데 기록이 가장 떨어지는 선수를 배치하는 게 일반적이다. 마지막 주자는 앵커맨(anchor man)이라고도 하는데 4명 가운데 가장 기록이 빠르고 마무리가 좋은 선수를 배치한다.

100m나 200m는 기록에서 선수의 주력이 차지하는 비중이 절대적이다. 반면 400m 계주에선 바통 터치, 주자 배치, 팀워크 등 일반적인 예측을 허무는 요소가 곳곳에 있다. 특히 바통 터치의 중요성이 크다. 바통이 겹치거나 엇나가면 속도가 확 줄고 '20m 배턴존'을 오버하면 실격 처리되기 때문에 강팀도 안심하지 못하게 된다.

400m 계주는 1912년 스톡홀름 올림픽에서 처음 정식 종목이 채택된 이후 앞서 설명한 이론에서 벗어나는 경우가 거의 없었다. 그러나 2008 베이징 올림픽에서 일본 계주팀이 그런 공식을 깨트렸다.

일본은 4명의 구성원 가운데 100m를 9초대에 뛰는 선수가 한 명도 없었다. 일본 팀의 주장이었던 하사하라 노부하루만 10초00의 아시아 신기록(당시)을 갖고 있었을 뿐 나머지 3명의 기록은 10초02에서부터 10초04 사이였다. 객관적인 전력상 38초대 후반 또는 39초대 초반의 기록으로 8팀이 겨루는 결승전에 진출하면 성공이었다. 그러나 일본팀은 바통 터치에서 발상의 전환을 했다. 바통 터치를 오버핸드 패스에서 언더핸드 패스로 바꾼 것이다.

일반적으로 릴레이에서는 뒤에서 달려오는 주자가 다음 주자에게 바통을 '위에서 아래로' 내려놓듯이 전달한다. 그러니까 오버핸드 패스를 하지만 일본은 반대로 뒤에서 달려오는 주자가 바통을 아래에서 위로 올리듯이 넘겨주었다. 그렇게 하면 바통을 받는 선수가 팔을 틀지 않고 바로 출발할 수 있어 기록 단축에 유리하다. 오랜 훈련을 통한 기계같은 조직력이 요구되는 기술임은 물론이다.

아사하라 노부하루 등 일본 릴레이 멤버들은 4년 전인 2004년 아테네 올림픽 때부터 호흡을 맞췄었고, 4명이 잠도 같이 자고 목욕도 함께 할 정도의 치밀한 팀워크로 언더핸드 패스를 완성했다.

일본은 베이징 올림픽에서 38초15의 기록으로 우사인 볼트가 뛴 자메이카(37초10, 당시 세계신기록)와 9초대 선수가 3명이나 버틴 트리니다드 토바고에 이어 동메달을 획득했다. 아시아권 국가가 400m 계주에서 올림픽 메달을 딴 것은 일본이 처음이자 마지막이었다.

일본은 이듬해 열린 2009 세계육상선수권대회에서는 4위로 떨어지더니 2012 런던 올림픽에서도 메달획득에 실패했다. 기록이 가장 좋은 하사하라 노부하루 선수가 베이징 올림픽 직후 은퇴를 한데다 다른 팀도 언더핸드 패스를 하는 바람에 바통 패스에 대한 유리함이 없어진 것이다.

올림픽 남자육상 400m 계주에서 가장 치열했던 승부는 2004년 아테네 올림픽이었다. 아테네 올림픽 남자육상 400m 계주는 아테네 올림픽 100m에서 9.85의 기록으로 금메달을 따낸 저스틴 게이틀린, 2000년 시드니 올림픽 100m 금메달리스트 모리스 그린 그리고 역시 9초대의 기록을 보유한 코비 밀러와 숀 크로포트가 팀을 이룬 미국이 가장 강력한 금메달 후보였다. 그러나 금메달은 영국이 가져갔다.

영국은 비록 100m 9초대 선수는 1명도 없었지만 바통 터치가 순조롭게 이어졌고, 4명이 마치 1명이 뛰는 것처럼 호흡이 잘 맞았다. 그리고 미국이 바통 터치를 할 때 약간 지체하기도 했다. 미국과 영국은 눈으로 확인할 수 없을 정도로 거의 동시에 골인했다. 그러나 비디오 판독결과 영국이 38초07로 금메달, 미국이 영국보다 100분의 1초가 늦은 38초08로 은메달에 머물렀다. 영국은 남자육상 400m에서 무려 82년 만에 금메달을 딴 것이었다. 영국은 400m 계주가 처음 올림픽에 채택이 된 1912년 스톡홀름 올림픽에서 처음 금메달을 땄었고, 2004년 아테네 올림픽 금메달로 모두 2개의 금메달을 가져갔다. 400m 계주가 올림픽 정식종목으로 처음 채택된 1912년부터 2012년 런던 올림픽까지 모두 23번의 레이스가 펼쳐졌는데, 미국이 65%에 해당하는 15번이나 금메달을 차지했고, 나머지 8개는 앞서 언급한 영국이 2번, 2008년 베이징, 2012년 런던 올림픽에서 2연패를 차지한 자메이카가 2번, 미국이 출전하지 않은 1980년 모스크바 올림픽과 88 서울 올림픽에서 2연패를 한 구소련이 2번씩 금메달을 차지했다. 그밖에 1960년 로마 올림픽 독일, 1996년 애틀랜타 올림픽에서 캐나다가 각각 한 번씩 금메달을 차지했다. 육상 강국 미국이 금메달을 따지 못한 8번의 레이스 가운데 3번은 바통인계 실패 때문이었고, 한번은 참가(1980년 모스크바 올림픽)하지 않았기 때문에 실력으로 따지 못한 것은 최근 자메이카에게 잇따라 패한 것을 포함해서 4번뿐이라고 할 수 있다.

1988년 서울 올림픽이 미국이 실패한 대표적인 레이스였다. 당시 미국은 칼 루이스, 칼빈 스미스 등 선수 구성상 다른 팀보다 최소한 0.2~5초 이상 차이가 나서 금메달은 떼어 놓은 당상이라고 했었다. 그런데 미국이 결승도 아니고 예선에서 3번 주자 칼빈 스미스가 4번 주자 멕닐에게 바통을 넘겨줄 때 20m의 바통 인계 구역을 벗어나서 실격을 당했다. 400m 계주는 바통을 잘 주고받아야 한다. 비록 20m 바통 구역을 벗어나지 않았다고 하더라도 두 선수가 바통을 주고받을 때 속도가 맞지 않아서 주춤거리거나 심지어 떨어트리면 낭패다. 만약 바통을 떨어트리면 그 선수가 다시 주어야 한다. 그러나 일단 바통을 떨어트리면 경기를 포기하게 된다. 다시 주어서 달릴 때까지 걸리는 시간이 아무리 빨라도 2~3초 걸리기 때문에 다른 팀에게 최소한 20~30m 차이가 나서 치명적이기 때문이다.

한국은 2014 인천 아시안게임 남자육상 계주 400m에서 금메달을 노렸었다. 2008 베이징 올림픽 때의 일본을 벤치마킹해서 바통 인계에서부터 네 선수의 호흡이 잘 맞도록 오랫동안 합숙훈련을 실시했다. 한국은 예선에서 38초97의 전체 1위 기록으로 8팀이 겨루는 결승전에 올랐다. 그러나 결승 레이스에서 3번 주자 오경수와 4번 주자 김국영이 바통 터치를 하다가 서로 손을 더듬는 사이에 20m 바통 터치 구역을 벗어나는 바람에 5위로 골인하고도 실격처리 되었다. 중국이 37.99의 아시아신기록으로 일본(38초49)을 물리치고 금메달을 차지했다.

이질(異質)러버

1973년 유고슬로비아 사라예보에서 벌어진 제32회 세계 탁구선수권대회는 탁구뿐만 아니라 한국 스포츠 역사에서 빼놓을 수 없는 기념비적인 대회였다. 구기종목 사상 처음으로 세계를 재패했기 때문이다.

사라예보 세계탁구 선수권대회 여자단체전은 예선리그를 펼친 뒤 예선 A, B조를 통과한 4개국이 예선 전적을 안고 돌아가며 붙는 '라운드로빈' 방식으로 치러졌다.

B조에 속한 한국은 이에리사와 정현숙을 단식, 이에리사와 박미라를 복식에 기용해 스웨덴, 유고슬라비아, 서독을 잇따라 3-0으로 완파한 뒤 중공(현재의 중국)과 실질적인 결승전을 벌이게 되었다.

한국은 1, 2번 단식에서 이에리사와 정현숙이 중국의 정후아잉과 후유란을 각각 2-1로 꺾으며 2승으로 앞서 나갔다.

그러나 3번 복식에서 이에리사-박미라 조가 중국의 정후아잉-장리 조에게 0-2로 졌으나 4번 단식에서 강력한 루프 드라이브를 장착한 이에리사가 그 대회 단식 세계챔피언인 후유란을 세트스코어 2-0(21-15 21-18)으로 눌러 우승으로 가는 최대 고비를 넘었다.

4강이 겨루는 결승 리그 B조에서는 한국과 중공이 1,2위로 올라갔고, A조에서는 일본과 헝가리가 진출했다.

한국은 4강 결승리그에서 일본과 헝가리를 모두 3대1로 꺾고, 라운드로빈 방식에 따라 중공에게 예선에서 거둔 1승을 포함해서 3전 전승(예선 리그 포함 8전 전승)으로 완벽하게 우승을 차지했다.

당시 세계를 제패한 한국 탁구의 주역 이에리사가 겨우 19살이었었기 때문에 한국 여자 탁구는 최소한 두 대회 정도는 더 정상에 오를 것으로 예상 했었다. 세계 탁구선수권대회는 2년마다 홀수 해에 열리기 때문에 1975년(33회), 1977년(34회) 대회를 치를 쯤 이에리사의 나이가 여자탁구 선수의 기량이 절정에 이르는 23살이기 때문이었다.

그러나 1975년 인도 캘커타에서 치러진 33회 대회에서 한국여자 탁구는 복병을 만났다.

중국이 듣도 보도 못한 이질(異質)러버를 들고 나온 것이다. 이질러버는 대한민국 수립 이후 처음 세계를 제패한 이후 가볍게 2연패를 노렸던 한국여자 탁구의 등 뒤에 비수를 꽂는 중공의 비밀병기였다. 중국의 갈신애 선수는 다른 나라와 경기를 할 때는 평범한 라켓으로 싸웠지만, 한국선수들과 경기를 할 때는 이질러버를 장착한 라켓을 들고 나왔다. 이질라버를 사용한 이면타법은 백핸드의 약점을 보강하기 위해서 개발되었지만 결국 중공탁구를 위기에서 탈출시킨 구세주 역할을 했다.

2년 전 사라예보 대회에서 처음으로 세계를 제패한 이후 더욱 노련해진 한국대표 이에리사와 정현숙은 이질러버를 들고 나온 갈신애에게 속수무책으로 당해야 했다.

그야말로 손 한번 제대로 써 보지 못하고 불과 5~6분 만에 패한 것이다.

당시 세계선수권대회 2연패를 확신했었던 한국 팀의 에이스였던 이에리사는 갈신애에게 완패를 당한 이후 너무 분해서 경기장에서 숙소까지 오는 동안 울음을 참지 못했다고 한다.

1973년 유고슬로비아 사라예보에서 벌어진 제32회 세계탁구선수권대회는 우리나라에게는 '사라예보의 기적'이었지만 중공에게는 '사라예보의 비극'이었다.

중공은 1959년 독일 도르트문트에서 벌어진 제25회 세계탁구선수권대회에 처음으로 출전한 이후 1965년 루불랴냐 세계 선수권대회까지 세계대회를 4연패 했다. 그러나 1966년도부터 중공 전역을 휩쓴 문화혁명의 파동으로 탁구를 비롯한 모든 스포츠가 국제무대에 설 수 없게 되었다. 홍콩의 일부 통신은 심지어 1965년 세계 탁구선수권대회에서 남자단식과 복식 그리고 단체전까지 석권해 3관왕을 차자했었던 장측동 선수의 사망설이 나돌 정도로 중국탁구는 전멸되었다는 보도가 있다고 했다.

그러나 중공은 1971년 일본에서 벌어진 제31회 나고야 세계탁구선수권대회에 다시 모습을 드러내 세계정상을 가볍게 재탈환했다.

나고야 대회에는 이에리사와 정현숙도 출전했었지만 그때만 해도 두 선수는 국제대회 경험이 별로 없어서 에이스 최정숙 선수의 보조 역할에 만족해야 했다.

아무튼 중공은 '사라예보 비극'으로 충격을 받은 이후 이대로 가다가는 한국 탁구에 추월을 당할지도 모른다는 위기감에 특단의 대책을 세운 끝에 마련한 것이 이질러버다.

이질러버는 2가지의 소프트 러버와 2가지의 하드러버 그리고 '안티 스핀러버' 등 5가지 러버 가운데 2가지를 양쪽에 붙이는 것을 말한다.

공격형 팬 홀드는 앞쪽에 평면러버 뒤쪽에 돌출러버를 붙이고, 수비형인 세이크 핸드는 앞쪽에 평면러버를 붙이는 것은 팬 홀드와 똑같지만 뒤쪽에는 돌출러버 대신 롱 핌플 러버를 붙인다.

중공 탁구는 이질러버를 갈신애가 들고 나와 한국의 이

에리사와 정현숙을 제압한 이후 마치 전가의 보도처럼 사용하기 시작했다.

중공 탁구는 남북한이 '코리아'라는 이름으로 단일팀을 이룬 1991년 41회 지바 세계 선수권대회에서 한번 패했을 뿐 줄곧 세계정상을 유지해 오고 있다.

중공은 세계 선수권대회뿐만 아니라 올림픽에서도 맹위를 떨치고 있다.

탁구는 1988년 서울 올림픽에 처음으로 정식종목으로 채택이 되었다.

88서울 올림픽에서는 4종목 가운데 남자단식(유남규)과 여자복식(양영자, 현정화) 등 2개의 금메달을 개최국 한국에게 내줬지만 여자단식과 남자복식의 금메달을 차지했다.

이후 중국은 2004년 아테네 올림픽 때 남자단식(유승민)을 빼앗겼지만 2012년 런던 올림픽까지 7차례의 올림픽에 걸려 있는 28개의 금메달 가운데 단 4개만 제외하고 24개를 휩쓸었다.

국제탁구연맹(ITTF)은 중국탁구를 견제하기 위해 갖가지 제동장치를 마련하고 있다.

마치 한국 양궁을 견제하기 위해 국제양궁연맹이 실력이 뛰어난 선수가 단 한 번의 실수로 탈락하도록 제도(슛오프)를 바꾸고 있는 것처럼.

국제양궁연맹은 1992년 바르셀로나 올림픽부터 토너먼트를 도입했고, 2012년 런던 올림픽부터 세트제를 도입해 세계양궁의 8할을 지배하고 있는 한국 양궁을 견제하고 있다.

국제탁구연맹도 88서울 올림픽부터 남녀 단, 복식 4개의 금메달을 2008년 베이징 올림픽부터 남녀 단식은 그대로 놔두고 남녀 복식 대신 남녀 단체전을 도입했다. 2000년 시드니 올림픽이 끝난 직후 탁구공도 기존의 2.5g의 38mm에서 2.7g의 40mm(라지볼)로 크게 해서 랠리가 오랫동안 계속되기도 했다.

2001년 이후에는 기존의 한 세트 21점제(5전3선승제)에서 한 세트 11점제(7전4선승제)로 바꾸면서 중국 탁구를 견제하고 있지만 여전히 중국 탁구는 세계탁구의 8할 이상을 차지하고 있다.

딱히 중국을 견제하기 위한 것은 아니지만, 2003년 파리 세계 선수권대회 이후 세계탁구선수권대회는 홀수 해는 개인전(남녀 단복식과 혼합복식 5종목)만 개최되고, 짝수 해는 단체전만 열리고 있다.

중국 탁구의 강세에는 엄청난 저변이 존재한다.

중국은 탁구 인구수만 우리나라 인구인 5천만 명이 넘는 것으로 알려져 있다. 사람이 많으니 우수한 인재들이 많이 나오는 것은 당연하다. 게다가 클럽 시스템도 완벽하게 갖취져 있다. 2천 명 이상을 전문 선수로 육성하는 탁구 학교만 20개 가까이 된다.

그리고 새로운 러버의 개발도 끊임없이 이뤄지고 있다. 공의 회전이나 속도가 러버에 따라 영향을 받는데 중국 선수들의 라켓(러버)은 일반 탁구 라켓(러버)보다 회전이 20바퀴 정도 더 걸린다. 국제탁구연맹(ITTF)의 검사를 통과하고 있는 이 러버가 어떻게 만들어지는지 철저하게 베일에 가려져 있다.

만약 중국 탁구가 1973년 사라예보대회에서 한국 여자탁구에게 패한 이후 새로운 방식(이질러버)을 모색하지 않고, 다음 대회에 나섰다면 적어도 한두 대회 정도는 더 덜미를 잡히면서 세계탁구의 흐름이 중국일변도에서 한국에게 어느 정도 지분을 나누는 모양이 되었을 가능성이 컸다.

토탈사커

현대축구의 흐름은 토탈사커의 전과 후로 나누어진다.

세계축구는 토탈사커가 나오기 전까지는 브라질의 4-2-4 전형, 잉글랜드의 4-4-2 전형 등이 대세를 이루고 있었다.

그러나 1960년대 후반 네덜란드의 아약스 팀이 전원공격, 전원수비의 토탈사커를 구사해 유럽 컵을 2연패(1969, 1970) 하면서 세상에 알려지기 시작했다.

토탈사커는 종전의 정형화된 축구개념을 깨트리는 획기적인 시스템이었다.

각각의 선수 위치가 고정되어 역할이 분명했던 종래의 전형이 아니라 골키퍼를 제외한 필드플레이어 10명의 선수가 수시로 위치를 변경하면서 전원수비 전원공격을 하는 혁명적인 전법이었다.

토탈사커의 창시자 리누스 미헬스(Rinus Michels) 감독은 축구역사상 가장 위대한 감독으로 불린다.

리누스 미헬스 감독이 토탈축구를 창시하기까지는 영국 출신의 잭 레이롤즈, 빅 버킹검 두 감독이 있었다.

리누스 미헬스 감독은 선수 시절 최강희 감독이 즐겨 쓰는 '닥공(닥치고 공격)'의 창시자 잭 레이롤즈 감독과 점유율 축구 티키타카의 원조 빅 버킹검 감독을 잘 연구해서 토탈 축구를 만들어 냈다.

네덜란드 축구는 토탈사커가 나오기 전까지 유럽축구의 변방에 지나지 않았다.

처음으로 월드컵 무대 본선에 진출한 1934년 이탈리아 월드컵에서는 약체 스위스에게도 2대3으로 패해 탈락했다. 당시 월드컵은 본선에 오른 16개 팀이 조별 예선 없이 막 바로 토너먼트를 해서 결승전까지 4번만 이기면 우승을 차지하는 제도였다.

네덜란드는 1938년 프랑스 월드컵에서도 1차전인 16강전에서 체코슬로바키아에 0대3으로 패해 탈락했다.

그 이후 네덜란드는 월드컵 무대에서 사라졌다.

네덜란드가 다시 월드컵 본선 무대에 오른 것은 1938년 프랑스 월드컵 이후 36년 만인 1974년 서독 월드컵이었다.

리누스 미헬스 감독이 이끄는 네덜란드 축구 대표 팀은 토탈사커를 내세워 유럽예선부터 돌풍을 일으켰다.

네덜란드는 1974년 서독 월드컵 유럽예선 1조에서 벨기에, 노르웨이, 아이슬란드가 한 조에 속했다.

네덜란드는 실력이 크게 차이가 나지 않는 유럽팀들 사

이에서 발군의 실력을 발휘했다. 노르웨이를 무려 9대0으로 제압 했고, 아이슬랜드에게는 8대1로 이겼다. 그 때부터 토탈사커를 내세운 오렌지 군단은 공포 그 자체였다.

리누스 미헬스 감독의 토탈사커를 완성시킨 인물은 요한 크루이프였다.

요한 크루이프는 축구의 4대성인(聖人) 가운데 1명이다.

축구역사에는 축구를 예술로까지 승화시켰다는 브라질의 펠레, 선수 1명이 월드컵 우승까지 이끌어 낼 수 있다는 것을 입증한 아르헨티나의 디에고 마라도나, 레베로의 창시자 독일의 프란츠 베켄바우어 그리고 축구에서 할 수 있는 드리블 패스 슈팅 경기조율 등을 완벽하게 구사한 네덜란드 요한 크루이프 등 4명의 성인(聖人)이 있다. 4명의 축구성인(聖人) 가운데 3명은 자국(自國)을 월드컵 우승까지 이끌었다.

펠레는 브라질을 1958년 스웨덴 월드컵, 1962년 칠레 월드컵 그리고 1970년 멕시코 월드컵, 디에고 마라도나는 아르헨티나를 1986년 멕시코 월드컵, 프란츠 베켄바워는 서독을 1974년 서독 월드컵에서 우승하게 했다.

그러나 요한 크루이프는 네덜란드를 1974년 서독 월드컵 준우승까지 밖에 이끌지 못했다. 그런데도 축구의 4대성인에 집어넣는 것은 토탈 축구의 1대 교주였기 때문이다.

토탈사커는 전략적인 측면에서 현대축구에 가장 혁명적

인 영향을 끼쳤는데 그 중심에 요한 크루이프가 있었다.

요한 크루이프는 비록 '월드컵 우승' 타이틀은 없지만, 토탈축구를 완성시킨 공로로 1974년 발롱도르 상을 수상했다. 그 해에는 1974년 서독 월드컵에서 서독을 우승까지 끌어올린 리베로의 창시자 프란츠 베켄바워가 시뻘겋게 눈을 뜨고 살아 있었는데도 불구하고 세계최고 축구선수의 상징인 발롱도르 상이 요한 크루이프에게 돌아갔다.

토탈사커는 전원공격, 전원수비로 표현되고 있지만 내용은 현대축구 뿐만 아니라 미래 축구에서도 변하지 않을 '공간 활용'이었다.

네덜란드 팀은 공격수가 공을 빼앗긴 지점부터 수비수가 되는데, 이때 공을 빼앗아서 역습 상황이 되었을 때 상대 수비 진영의 빈 공간을 파고드는 선수는 미드필더 또는 수비수다. 그리고 미드필더 또는 수비수의 공격 가담으로 비게 되는 공간은 공격수가 메워줘야 한다.

이 같이 끊임없이 누군가가 빈 공간을 채워줘야 하는데, 그 역할은 그라운드 밖에 있는 감독이 할 수 없다. 그라운드 안에서 누군가가 지휘를 해야 하는데, 그 역할을 요한 크루이프가 완벽하게 해낸 것이다.

요한 크루이프는 그라운드 내의 지휘자로서 자신의 팀이 압박하거나 물러서야 할 때, 선수끼리 포지션을 바꿔야 할 때 그리고 공을 돌려야 할 때를 완벽하게 이해했다. 요한 크루이프도 수비형 미드필더 프랭크 레이카르트 선수가 부주장 역할을 잘해 주었기 때문에 마음껏 팀을 지휘할 수 있었다.

토탈사커의 핵심은 중앙 수비가 아니라 미드필더진인데, 프랭크 레이카르트가 빛이 나지 않는 그늘에서 요한 크루이프의 화려한 플레이를 뒷받침 해주었다.

크루이프가 이끄는 네덜란드의 아약스 팀과 네덜란드 국가대표 팀은 1960년대 후반부터 1970년대 중반까지 지구상 최강의 클럽(국가대표) 팀이었다.

이후 세계축구의 흐름은 토탈사커로 바뀌게 된다.

스피드와 개인기를 바탕으로 했었던 브라질 아르헨티나 우루과이 등 남미 축구는 '토탈사커에 개인기를 어떻게 접목시킬 것인가?' 타고난 피지컬에 조직력과 투지를 주 무기로 했던 독일, 잉글랜드, 프랑스 등 유럽 축구도 '토탈사커를 어떻게 변형시켜서 자신들의 축구로 완성할 것인가?'를 연구하기 시작했다.

토탈사커의 변형이 2010년대 세계축구를 지배했었던 스페인과 FC 바르셀로나의 티키타카, 즉 전유율 축구다.

FC 바르셀로나는 티키타카로 2008~9, 2010~11 유럽축구 챔피언스리그 정상에 올랐고, 스페인은 2008, 2012 유럽축구

선수권대회를 2연패 했고, 사상 처음으로 월드컵 우승(2010 남아공)을 차지했다.

티키타카 전술은 요한 크루이프가 FC 바르셀로나에 있을 때 도입하기 시작해서 루이스 반 할과 프랑크 레이카르트, 호셉 과르디올라 같은 감독들에 의해 완성되었다. 그리고 아라고네스 감독이나 델 보스케 감독 등에 의해 스페인 국가대표팀 전술로 적용되었다.

티키타카 전술을 점유율 축구라고도 하는데, 유능한 미드필더가 짧은 패스를 주고받으며 볼을 점유하다가 상대의 허점을 파고들어 슈팅을 성공 시키는 전술이다. 티키타카를 완성시키려면 체력적으로 잘 받쳐줘야 하고 뛰어난 수비수와 한두 명을 쉽게 제칠 수 있는 뛰어난 공격수가 있어야 한다.

농구의 3점슛

"농구는 신장으로 하는 게 아니라 심장으로 하는 것이다"

미국 남자프로농구 NBA의 전설적인 선수 앨런 아이버슨이 2001년 NBA 올스타전에서 최우수선수(MVP) 선수상을 받은 직후에 한 말이다.

키 1m 83cm로 NBA 평균 신장인 2m 02cm에 19cm나 모자랐던 앨런 아이버슨은 안정된 기본기와 화려한 기술로 필라델피아 세븐티식서스 팀 등에서 15년 동안 스타플레이어로 활약했다.

그러나 그가 남긴 '농구는 신장으로 하는 게 아니라 심장으로 하는 것'이라는 말은 키가 작은 선수의 자조적(自嘲的)인 표현이라고 할 수 있다.

지상에서 3m 05cm의 높이에 있는 바구니에 농구공을 누가 더 많이 집어넣느냐로 승부를 가리는 농구는 키가 큰 선수가 무조건 유리하다.

한때는 농구를 2개 파트, 즉 선수들의 키가 1m 91cm 이하로 구성된 단신농구와 1m 92cm 이상의 장신농구를 만들

어 세계선수권대회나 올림픽에서 2개의 금메달을 주려고
했으나 별로 큰 호응을 받지 못했다.

그러나 3점 슛 도입은 파격적이라기보다는 차라리 혁명
적인 제도였다. 물론 먼 거리에서 던지는 3점 슛도 단신 선
수보다는 장신 선수가 절대적으로 유리하다. 아무래도 타점
이 높은 선수가 더 정확한 슛을 성공할 수 있기 때문이다.

단신 선수가 장신 선수보다 3점 슛이 골밑 슛이나 덩크
슛, 그리고 2점 슛보다는 상대적으로 불리하다. 단신 선수
들은 이 같은 슛을 시도하다가 블로킹을 당하는 경우도 많
아서 아예 시도조차 해보지 못하는 경우가 많다. 그러나 3
점 슛은 부단히 노력하면 단신 선수가 장신 선수 보다 더
정확한 슛을 성공시킬 수가 있다.

미국 남자 프로농구나 우리나라 프로농구에서 3점 슛 전
문 슈터들은 대게 평균 신장보다 작다.

NBA는 3점 슛 도입 무렵에 활약했었던 레리 버드(2m06cm)가
장신 선수로는 가장 정확한 3점슛을 던졌다.

1980년대 중반 3점 슛 콘테스트가 있었는데, 당시는 레리
버드가 무조건 1위 할 것으로 가정하고 '과연 2위는 누가 차지
할 것인가?'에 관심이 쏠렸다. 레리 버드는 NBA 3점 슛 콘
테스트에서 초대인 1986 대회에서 1위를 하더니 이후 1987,
1988년까지 내리 3년 연속 1위를 차지했다. 레리 버드의 뒤

를 이어서 레지 밀러(201cm), 스티브 커(191cm), 레이 알렌(196cm), 스테판 커리(191cm) 등이 NBA 3점 슛 도사로 이어져 오고 있다.

우리나라 프로농구도 이충희(182cm), 고 김현준(183cm), 문경은(190cm), 조성원(180cm) 그리고 조성민(189cm) 등 비교적 크지 않은 선수들이 3점 슛 도사 계보를 이어오고 있다.

그렇다면 농구의 3점 슛은 언제 생겼을까?

1945년 미국의 컬럼비아 대학 대 포드햄 대학의 농구 경기에서 시범적으로 3점 슛 지도를 도입했다는 것이 정설(定說)이다.

당시 선수들과 관중들도 재미있었다는 평가를 했었지만, 경기 관계자가 특히 심판들이 헷갈린다면서 반대를 하는 바람에 흐지부지 되고 말았다.

이후 1961년 미국 농구리그(ABL)에서 3점 슛 제도를 도입했었고, NBA가 ABL을 흡수하면서 1979~80시즌부터 본격적으로 3점슛 시대가 열리게 되었다.

국제농구연맹 즉 FIBA는 NBA에서 3점 슛 제도가 성공을 거두자 5년 후인 1984년부터 도입했다.

NBA에서 3점 슛이 도입된 이후에도 선수들은 골밑에서 7m 이상 떨어진 거리에서 쏘기 때문에 확률이 떨어지는 3점 슛보다는 골밑슛 또는 가까운 거리에서의 2점 슛을 더

선호했다. NBA 선수들이 3점 슛을 많이 던지기 시작한 것은 3점 슛 라인이 6.7m로 줄어들게 되면서부터다.

1994~1995년 시즌에 NBA 선수들은 3점 슛을 팀당 한 경기에 15.3개를 시도해서 5.5개를 성공시켰다.

팀 득점 중에 평균 16.5점을 3점 슛으로 얻은 셈이다.

1996~1997년 시즌까지 팀 당 3점 슛 시도가 기하급수적으로 증가하자 NBA가 다시 3점 슛 라인을 50cm 정도 뒤로 물린 7m 24cm로 늘렸지만 각 팀마다 3점 슛의 전술적인 가치를 인정하면서 3점 슛 시도가 줄어들지 않았다.

NBA는 앞서 언급했듯이 정면에서의 3점 슛 거리는 7.24m (양측면 6.7m)이다.

그러나 양쪽 사이드의 3점 라인은 가운데보다 무려 50cm나 짧기 때문에 정면에서 던지는 것보다 적중률이 더 높아서 모든 팀이 가장 우선적으로 막는 수비지점이며 모든 팀이 가장 많이 쓰는 3점 슛 공략지점이다.

국제 농구에서는 규정상 림을 중심으로 반지름 6.75m(양측면 6.6m)의 반원모양 선을 기준으로 선 밖에서 던지는 것을 3점 슛으로 인정한다.(NBA나 국제농구나 모두 선을 밟으면 2점으로 인정이 된다)

FIBA는 1984년 도입 당시에는 6.25m였으나 2010년 10월부터 6.75m(양 측면 6.6m)로 변경했다.

우리나라 프로농구 KBL은 1997년 출범 당시는 6.25m였다가 2009~2010년 시즌부터 FIBA 룰 개정에 맞춰 6.75m로 변경했다.

3점 슛의 효율성은 33퍼센트의 확률을 기준으로 삼는다. 3점 슛 적중률이 33퍼센트를 넘으면 효율성이 있다고 본다. 그러나 33퍼센트가 안 되면 본전도 못 뽑았다고 한다.

전술상으로 볼 때 수비팀 입장에서 상대선수 가운데 뛰어난 3점 슈터가 있으면 그 선수를 마크하기 위해 수비범위를 넓혀야 하기 때문에 골밑에 허점을 드러낼 가능성이 높게 된다.

그리고 가드가 골밑을 돌파하는 척 하다가 밖에 있는 3점 슈터에게 공을 빼주는 이른바 '킥 아웃 패스'가 성공하면 3점 슈터가 노마크 상태에서 슛을 시도할 가능성이 높기 때문에 그만큼 3점 슛 성공률이 높아진다.

3점 슛 전문 슈터들은 훈련을 할 때는 3점 슛 적중률이 50퍼센트를 넘어 7~80퍼센트에 이른다. 다만 경기 도중에 상대 수비수들의 극력한 방해를 뚫고 슛을 던지기 때문에 확률이 40퍼센트 이하로 떨어지는 것이다.

농구에서의 3점 슛 도입은 장신들이 절대적으로 유리한 종목 특성상 단신들도 팀 승리에 기여할 기회를 부여하고 있다는 면에서 '농구의 대중화'에 절대적인 영향을 끼쳤다고 볼 수 있다.

북한에는 3점 슛을 변형한 '로컬룰'이 성행하고 있다.

지난 2011년 사망한 김정일이 농구를 좋아해서 북한농구에 맞는 로컬룰을 만들었다고 하는데, 3점 슛이 백보드나 림을 맞지 않고 깨끗하게 들어가면 4점을 준다. 그리고 경기종료 2초 전에 성공시키는 슛(골밑 슛이건 3점 슛이건)은 무조건 8점을 줘서 막판에 역전승이 나오도록 만들었다.

왕정치의 외다리 타법

메이저리그와 일본, 한국, 멕시코, 대만 등 그 밖의 리그
는 파워, 스피드 심지어 야구장 크기 등에서 차이가 많이
나는 것은 사실이다.

그러나 야구가 선수들의 실력을 객관적인 수치로 따진다
는 면에서 왕정치의 생애 868개 홈런은 세기적인 기록이 아
닐 수 없다.

앞서 언급을 했듯이 왕정치의 홈런기록을 폄하하는 사람
들은 일본 프로야구 투수들의 수준이 낮을 뿐만 아니라 일
본 프로야구장도 메이저리그 야구장에 비해 평균 10~20m씩
짧아서 인정을 할 수가 없다고 한다.

그러나 일본의 다른 타자들도 왕정치와 똑같은 조건에서
경기를 했었는데도 불구하고 700개를 넘긴 타자가 없다는
것을 감안하면 왕정치가 얼마나 대단한 타자인지 알 수가
있을 것이다.

왕정치는 이미 잘 알려진 것처럼 투수 출신이다.

1959년 요미우리 자이언츠에 입단할 때만 해도 유망한 투

수였다. 요미우리 자이언츠 팀에서는 와세다 실업고등학교의 에이스로서 파격적인 계약금을 주고 데려왔다. 그러나 왕정치가 첫해 스프링 캠프에서 발군의 타격솜씨를 발휘하자 야수로의 전향을 검토하기 시작했다.

그러니까 왕정치가 공을 잘 못 던져서 야수가 된 것이 아니라 공을 너무 잘 때려서 야수가 된 것이다.

왕정치는 1959년 프로데뷔 첫해에는 후보 선수였다. 94경기(222타석)에 출전해서 젓가락 타율(0.161)에 홈런도 7개 밖에 치지 못했다. 그러나 왼쪽 타자로 가능성을 인정받아 2년째가 되는 해에는 거의 모든 경기(130경기)에 주전으로 출전했고, 타율은 1푼 이상(0.270) 홈런은 무려 10개 이상(17개) 더 쳤다. 프로데뷔 2년째부터 놀라운 성장을 보이자 팀에서 아라카와 히로시라는 왕정치와 같은 좌타자 출신의 코치로 1대1 지도하게 했다.

아라카와 히로시 코치는 처음에는 타격 폼과 타이밍 잡는 법, 배트 스윙 등을 교정해 가면서 여러 가지 시도를 해봤지만 별다른 효과를 보지 못했다. 그래서 최후의 수단으로 해본 것이 '외다리 타법'이었다.

왕정치는 아리카와 히로시 코치와 함께 스프링 캠프 기간 동안 외다리 타법을 자신의 것으로 만들기 위해 비밀훈련에 돌입했다.

왕정치는 시범경기 때 외다리 타법으로 타격을 해봤다. 타이밍을 잡기가 쉬웠고, 타구도 더 멀리 날아가는 것 같았다. 그러나 당시만 해도 왕정치 자신은 물론 아라카와 히로시 코치도 외다리 타법이 일본 프로야구의 역사를 바꿔놓을 줄을 꿈에도 몰랐다.

외다리 타법은 투수가 투구 모션을 하는 것과 동시에 앞다리(왕정치는 왼손 타자이므로 오른쪽 다리)를 들어 올려 마치 황새처럼 한 발로 몸의 균형을 잡고 탑의 자세에 들어갔다가, 투수가 백스윙을 하는 순간 들어 올린 앞발을 스텝하면서 다운스윙에 들어가는 타법이다.

왕정치의 체격 조건은 키 1m77cm에 체중은 70kg을 겨우 넘길 정도로 일본 프로야구 전체 선수들 평균치에도 미치지 못했다. 그렇다고 강한 손목 힘을 가진 것도 아니었다. 만약 외다리 타법을 개발하지 못했다면 평범한 타자로 남았을 것이다.

왕정치는 프로야구 3년차에는 외다리 타법에 익숙하지 못해서 그런지 성적이 좋지 못했다.

경기 수도 127경기(471타석)도 줄었고, 타율(0.253)과 홈런(13) 수도 모두 줄어들었다.

그러나 4년 차에 접어든 1962년 왕정치는 드디어 타이틀을 획득 하면서 외다리 타법의 진가를 나타내기 시작했다.

왕정치는 1962년 시즌에 134경기(586타석)에 나가 타율은 0.272로 그다지 좋지 않았지만 38개의 홈런을 때려 지난 3년간의 홈런수를 합한(37개) 것보다 1개를 더 쳤다. 99개의 삼진을 당했지만 85타점을 기록해 홈런과 타점 2관왕 타이틀을 거머쥐었다.

이후 왕정치는 거칠 것이 없었다. 1974년까지 홈런, 타점왕은 물론 도루만 빼놓고 거의 전 부문 타이틀을 독식했다. 1973년과 1974년에는 2년 연속 타격 3관왕을 차지했다.

왕정치는 868개의 홈런을 치는 동안 최우수선수 9회, 홈런왕 15회, 타점왕 13회 등 갖가지 전설적인 기록을 세웠다.

왕정치가 전성기를 구가하는 동안 요미우리 자이언츠는 무려 11번이나 일본 시리즈 정상에 올랐다. 1961년, 1963년에 각각 우승을 차지했었고, 1965년부터 1973년까지는 세계 프로 스포츠사의 영원히 남을 'V9' 즉 9년 연속 우승을 차지하는 기적 같은 일도 해냈다.

왕정치는 1980년 자신이 데뷔했던 요미우리 자이언츠 팀에서 은퇴를 했다. 그러나 왕정치의 외다리 타법은 그가 은퇴를 한 이후에도 일본, 한국 등의 후배들이 벤치마킹을 하고 있다.

대표적인 선수가 오릭스 블루웨이브 팀에서 활약하다가 메이저리그로 진출한 스즈키 이치로 선수다.

스즈치 이치로는 오른 다리를 들고 까닥까닥 흔드는 시계추 타법 즉 '진자 타법'으로 유명했다.

이치로는 왕정치와 마찬가지로 왼손 타자인데다 빠른 발을 갖고 있어서 홈런은 많이 치지 못하지만 '안타 제조기'로서의 면모를 보여주었다.

스즈키 이치로는 1994년 일본프로야구 사상 최초로 한 시즌 200안타라는 대기록을 세우고, 1995년 리그 우승, 1996년 일본시리즈 우승에 기여했다.

오릭스 블루웨이브의 전신인 한큐 브레이브스의 일본 시리즈 3연패(1975~77년) 이후 19년 만에 우승을 안겨준 것이다.

이치로는 일본 통산타율이 무려 3할5푼3리로 역대 최고 타율을 보유하고 있다.

이치로는 메이저리그에 진출해서도 발군의 안타제조기 역할을 했다. 시애틀 매리너스 톱타자로 활약하던 2004년에 무려 262개의 안타를 기록해 '메이저리그 한 해 최다 안타'의 역사적인 기록을 세웠다.

2016년에는 메이저리그 3000안타 돌파. 미, 일 통산 4257안타의 세계신기록을 세웠다. 우리나라 프로야구에서는 장성호 선수가 외다리 타법의 전수자라고 할 수 있다.

장성호 선수는 1996년 데뷔 첫 해 71경기에 출전해서 타율 2할6리에 그쳤고, 이듬해인 1997년에도 전반기에는 2할을 넘지 못하는 빈타에 허덕였다.

그러나 당시 기아 타이거즈 팀에는 현역 시절 오리궁둥이 타법으로 유명했던 김성한 코치가 있었다.

김 코치가 올스타 브레이크 때 장성호를 따로 불러 타격 폼 수정에 나섰다. 타율이 엉망이었던 장성호는 김 코치의 가르침대로 따라 했다.

외다리타법이 탄생한 순간이었다.

장성호는 후반기 맹타를 휘두르며 타율을 2할6푼8리까지 끌어올렸고, 이듬해인 1998년 3할 타율을 기록한 이후 9년 연속 3할 타율을 올렸다.

'두목곰 김동주'의 레그 킥 타법도 외다리 타법을 변형한 것이다.

김동주는 왼쪽 다리를 들었다가 내려놓으면서 타이밍을 맞추는데, 이 타법으로 잠실야구장에서 무려 145m짜리 홈런을 치기(기념 동 판도 새겨 있다)도 했다.

그 밖에 이승엽, 이용규, 강정호, 이대호 등도 외다리 타법(레그 킥)을 변형한 타법으로 3할 대 또는 홈런타자로 군림하고 있다.

스카이 훅슛

장신 선수들이 즐비한 미국 남자프로농구(NBA)에서도 카림 압둘자바는 2m 19cm의 장신 센터였다.

카림은 농구 명문 UCLA 대학농구 데뷔시즌인 2학년(당시 NCAA는 1학년은 출전할 수가 없었다)이던 1967년 팀을 우승까지 끌어 올렸다.

당시 카림은 큰 키를 이용해 골밑 레이업 슛과 덩크 슛으로 많은 득점을 올렸다. 그런데 이듬해인 1968년 시즌부터 NCAA 이사회에서 모든 선수들의 덩크 슛을 금지해 버렸다.

덩크 슛을 금지시킨 표면적인 이유는 선수들이 덩크 슛을 시도하다가 부상을 많이 당하기 때문이라는 것이다. 지금보다는 골대가 약했었기 때문에 선수들이 덩크 슛을 시도할 때 백보드가 부서지는 일이 잦았고, 그 과정에서 부상을 당하기도 했다.

이후 NCAA 덩크 슛 금지는 9시즌 후인 1977년에 풀렸지만 당시 카림에게 덩크 슛을 금지시킨다는 것은 한쪽 팔을 떼는 것이나 마찬가지였다. 그러나 카림은 실망하지 않고 기존의 훅 숏을 벤치마킹한 '스카이 훅 숏'을 개발해 극강의 공격무기를 장착했다.

훅 숏은 두 손으로 숏을 하는 정통적인 숏 방식이 아닌 한 손으로 공을 던지듯이 숏을 하는 것을 말하는데, 몸을 옆으로 튼 상태에서 공을 든 손을 옆으로 뻗고 머리 위쪽으로 반원을 그리듯이 던지기 때문에 수비하기 어렵다.

카림은 한쪽 손의 스냅에 의존하는 기존의 훅 숏과는 달리 점프 숏처럼 점프를 동반해 몸 전체의 힘을 쓰면서 공을 던지는 손을 크게 휘둘러 공을 던져 넣었다. 그러한 숏은 보통의 훅 숏보다 훨씬 더 멀리서도 쏠 수 있고 더 높은 위치에서 쏠 수 있어서 이미 키부터 2m 20cm 가까이 되는 카림의 높이가 더해져 상대팀 입장에선 아예 뒤에서 블록하는 게 아닌 이상 슈팅 시도 자체를 막는 게 불가능했다.

그러니까 카림의 스카이 훅숏이 시도되면 일단 림 쪽으로 날아가 안 들어가기만 바랄 수밖에 없었다. 그 때문에 카림의 훅 숏은 보통 훅 숏과는 달리 '스카이 훅 숏'이란 명칭을 얻게 되었다.

NBA 전문가들의 분석에 의하면 카림의 스카이 훅 숏이 역대 최고의 슈팅 기술이 된 이유를 "카림의 2m 19cm의 큰 키와 긴 윙스팬에서 나오는 높은 타점과 매우 높은 숏 궤도 그리고 슈팅하기 전에 피벗이나 포스트 업 동작에서 나오는 다양하면서 간결한 훼이크 동작을 꼽을 수 있고, 왼손과 오른손을 모두 정확하게 구사할 수 있었다는 점과 매우 긴 슈팅 레인지와 포스트 업 이전에 골밑에서 자리를 잡는 뛰어난 능력 때문에 상대 팀이나 수비수로 볼 때는 매우 막기 어려운 슈팅이었다."라고 설명했다.

스카이 훅 슛을 막는 가장 확실한 방법은 애초에 스카이 훅을 위한 자리를 잡지 못하게 골밑에서 최대한 멀리에서 공을 잡게 하는 방법과 블로킹이었다.

당시 한 시즌에 서너 차례 카림의 스카이 훅 슛을 블로킹한 선수가 나오곤 했었는데, 그 가운데 1명이 한 경기 100득점과 55리바운의 불멸의 기록을 갖고 있는 월트 체임벌린 선수였는데, 체임벌린은 한 경기에서 두 번이나 카림의 스카이 훅 슛을 블로킹하기도 했다. 체임벌린의 키는 카림보다 3cm 작은 2m 16cm였다.

카림은 1968년 1월 12일, 캘리포니아 대학과의 경기 도중에 리바운드를 다투다가 각막을 크게 다쳤다. 오랜 투병 끝에 부상을 극복했고, 그 때부터 고글을 쓰고 경기를 하게 된다. 그래서 카림의 트레이드 마크는 '고글'과 '스카이 훅슛' 두 가지로 압축된다. 카림은 대학농구 3년 동안 팀을 88승2패의 사실상 전승으로 이끌며 자신도 MVP를 3년 내내수상했다.

카림은 NCAA를 졸업하고, 1라운드 1순위로 창단한지 2년 밖에 안 되는 밀워키에 입단하고, 이후 LA 레이커스 팀에서 은퇴할 때까지 20년 동안 NBA 최고의 센터로 군림했다.

밀워키 입단 첫해 평균 28.9득점에 14.5개의 리바운드로 신인왕을 차지했고, 밀워키와 LA 레이커스에서 모두 6번의 우승을 차지했었고, 6번의 정규시즌 MVP와 19번이 올스타전에 출전했다.

카림은 NBA 20년 동안 아직도 깨지지 않는 NBA 통산 최다득점인 38,387점을 올렸다. 한해 평균 1919점씩을 꾸준히 올린 것이다. NBA 역대 득점 랭킹 2위의 칼 말론은 36,928점으로 카림보다 1,459점이나 적고, 농구의 신으로 추앙 받고 있는 마이클 조던(32,292)은 카림의 득점에 6,095점이나 모자란다. 한 경기에서 무려 100점을 넣은 대기록을 갖고 있는 월트 체임벌린도 31,419점에 그치고 있다.

한국 프로농구 KBL은 NBA보다 경기 수가 훨씬 적지만 국보급 센터로 활약했던 서장훈 선수는 13,230점을 넣었다.

카림의 본명은 퍼디난드 루이스 알신도였다.

복싱영웅 캐시어스 클레이가 이슬람교를 믿기 시작하면서 무하마드 알리로 개명을 했듯이 퍼디난드 루이스 알신도도 이슬람교를 믿기 시작하면서 이슬람식으로 개명을 해서 카림 압둘자바가 된 것이다.

카림은 1989년 은퇴를 선언한 이후 그가 방문하는 도시의 팀마다 모두 기립박수로 그의 퇴장을 아쉬워했다.

카림의 은퇴경기에서는 모든 선수들이 카림의 트레이드 마크인 고글을 쓰고 나왔고, 모두 한 번씩 스카이 훅 슛을 시도하기도 했다.

1949년에 창설된 NBA(National Basketball Association)에서는 70년 역사상 농구를 예술의 경지에 올려놓았다는 평가를 받고 있는 마이클 조던, 농구를 구사할 수 있는 모든 기술을 완벽하게 구사했다는 매직 존슨과 함께 '스카이 훅 슛'을 개발한 카림을 '3대 선수'로 꼽고 있다.

카림이 은퇴한 후 그의 트레이드 마크인 스카이 훅 슛은 간혹 센터들이 벤치마킹을 해서 실전에서 활용되고 있다.

1998년 트라이아웃에서 광주 나산 플라망스에 지명된 워렌 로즈그린도 위력적인 훅 슛을 자랑했다.

국내 선수로는 은퇴를 한 서장훈과 이창수가 간혹 훅 슛을 시도했었고, 현역선수 가운데 울산 모비스의 함지훈은 좌우 양손으로 훅 슛이 가능하다.

그러나 카림은 은퇴 이후 팬들을 실망시키기도 했다.

영화 사망유희에 출연해 고 이소룡과의 격투는 액션 영화에서 고전처럼 내려오고 있는 명장면이다. 카림은 실제로 이소룡에게 무술지도를 받기도 했다. 또한 1980년 작 코미

디 영화 〈에어플레인〉에서는 로저 클레멘스라는 비중 있는 조연 비행기 부조종사 역으로 나왔다. 그 후, 수차례 사업 실패로 NBA 출신 선수들 사이에서는 '은퇴해서 카림처럼 되지 말자'는 말이 유행이 될 정도라고 한다.

카림은 한국과도 인연이 있는데, 2009년 9월에는 전 NBA 선수들로 팀을 이뤄 감독 자격으로 내한을 해서 KBL 선수들과 친선경기를 했고, 2013년에는 LA 다저스의 류현진에게 사인을 받는 모습이 보도되기도 했다.

관리야구

일본 프로야구는 메이저리그와 마찬가지로 2차 세계대전 중에도 계속되었지만, 센트럴리그 우승팀과 퍼시픽리그 우승팀 간의 일본시리즈를 벌인 1950년을 효시로 하고 있다.

일본 프로야구는 1960년대 이전까지 선수들이 술집거리를 몰려다니면서 밤새 퍼마시고, 적당히 외도를 즐기는 것을 당연시 했다. 그것이 마치 풍류로 인식되던 시대였다.

어느 팀이라 할 것도 없이 원정경기 숙소에서 선수끼리 당시 크게 유행하던 마작판을 벌여 밤을 새우는 일이 비일비재했다. 급기야 주전 선수 몇 명은 적지 않은 액수의 빚을 지게 되어 선수단 분위기가 말이 아니었다. 그런 가운데 1961년 가와가미 데쓰하루가 2년간의 코치생활을 끝내고 미즈하라 감독의 후임으로 요미우리 자이언츠, 즉 거인 군 감독에 취임했다.

가와가미 감독은 자유분방한 선수단을 관리하지 않고는 좋은 성적을 올리기 어렵다고 판단하여 특단의 대책을 발표했다. 가와가미 감독은 취임하자마자 몇 가지 금지사항을 발표하고 어기는 선수는 가차 없이 2군으로 떨어트린다고 선언했다.

첫째는 선수들의 언론과의 접촉을 금지했다. 팀 내의 정보가 유출되거나 야구에 도움이 되지 않는 외풍을 사전에 차단하기 위해서였다.

두 번째는 숙소 내에서 마작을 하지 못하도록 했다. 선수들 상호 간의 빚은 액수에 상관없이 탕감했다.

세 번째는 공개 석상에서 술을 마시지 못하게 했고, 여성들과의 접촉을 금지시켰다.

가와가미 감독의 이 같은 조치로 취재원을 차단당한 매스컴들의 지탄이 하늘을 찌를 듯 했고, 내부에서는 선수들이 불만이 폭발하기 직전까지 이르렀다. 그러나 이 같은 일들은 가와가미 감독이 선수단을 관리하기 전부터 예상했던 것들이었다. 가와가미 감독은 자신의 소신을 뚝심 있게 밀어붙였다. 그 결과 일본 프로야구뿐만 아니라 전 세계 프로 스포츠에서 다시는 나오지 못할 엄청난 기록을 세웠다.

'일본 프로야구 9연속 우승 그리고 일본 시리즈 11번 도전에서 11번 모두 우승'이라는 전무후무(前無後無)한 기록을 세운 것이다.

일본 프로야구는 센트럴리그와 퍼시픽리그로 나누어진다. 각각 6개 팀이 리그를 진행해 우승팀을 가린 후, 각 리그 우승팀끼리 7전 4선승제로 일본시리즈를 벌여 이기는 팀이 최종 챔피언이 된다.

1965년부터 1973년까지 센트럴리그의 요미우리 자이언츠는 9번 연속 일본 프로야구 챔피언이 되었다. 9번 연속 우승을 차지했다는 것은 자신이 속한 팀 리그에서 9번 내리 우승을 차지했음은 물론, 상대리그 우승팀과의 챔피언 결정전에서도 9번 연속 이겨야 달성할 수 있는 좀처럼 이루기 어려운 일이다.

9년 동안 퍼시픽리그는 한큐 브레이브스가 5번, 난카이 호크스가 3번 그리고 롯데 자이언츠가 1번 요미우리의 파트너가 되어 모두 패전을 기록했다. 5번이나 패한 한큐 브레이브스가 요미우리 자이언츠의 영원한 라이벌로 굳힌 계기가 되기도 했다.

요미우리는 1965년 일본시리즈에서는 난카이에게 4승1패, 66년 역시 난카이에 4승2패, 67년에는 한큐 브레이브스에 4승2패, 68년에도 한큐에 4승2패, 69년에도 역시 한큐에 4승2패로 이겼다. 70년에는 롯데에 4승1패, 71년에는 다시 한큐에 4승1패, 72년에 한큐에 4승1패 그리고 73년에는 난카이에 4승1패로 이겼다. 일본시리즈 전적에서 알 수 있듯이 요미우리 자이언츠는 한 번도 막판에 몰리지 않았다. 4전 전승을 거둔 시리즈도 없었지만, 3승을 내줘 막판에 몰리지 않고, 단지 2패를 4차례, 1패를 5차례 기록했을 뿐이다.

일본 프로야구 전문가들은 당시 요미우리 자이언츠가 'V9'과 '11번 도전해서 11번 모두 우승'을 차지할 수 있었던 이유로 100년에 한번 나올까 말까한 명감독과 일본 프로야구 사상 최고의 선수들이 우연히 한 팀이 돼서 만든 신화(神話)라고 평한다.

가와가미가 팀을 맡았을 때 요미우리 자이언츠 팀은 공식전에서 1,066승 739패 승률 0.591의 경이적인 성적을 남겼다. 'V9'과 '11번 도전 11모두 우승'의 성적도 대단하지만 페넌트레이스에서 6할 가까운 승률을 올렸다는 것은 엄청난 성적이 아닐 수 없다.

당시 요미우리 자이언츠는 세계 프로야구 사상 가장 많은 868개의 홈런을 날렸던 왕정치가 3번, 미스터 자이언츠로 불리며 일본 프로야구 사상 가장 인기가 많은 나가시마 시게오가 4번을 쳤었다. 소위 말하는 ON(왕정치의 일본명 오사다하루의 오에서 따온 O와 나가시마의 나에서 따온 N을 말함)포는 일본 프로야구 70여 년 사상 최고의 중심타선으로 불리고 있다.

왕정치는 1959년에 요미우리에 입단해서 1980년 은퇴할 때까지 22년 동안 세계최다홈런 868개, 최우수선수 9회, 홈런왕 15회, 타점왕 13회, 시즌최다 홈런 55개 등 갖가지 기록을 세웠었다. 왕정치의 등 번호 1번은 요미우리에서 영구 결번 되었고, 1994년 명예의 전당에 헌액되었다.

왕정치가 장타자라면 나가시마는 타격, 수비, 주루 등 야구의 3박자를 고루 갖춘 야구 천재였다. 왕정치 보다 한 해 앞선 1958년에 요미우리에 입단해 1974년 은퇴할 때까지 신인왕을 시작으로 해서 타격왕 6회, 홈런왕 2회, 타점왕 5회 등을 기록했다. 통산 8,094타수 2,471안타로 0.305의 타율을 남겼다. 나가시마의 등 번호 3번은 요미우리의 영구결번이고, 88년에 명예의 전당에 헌액되었다.

'V9'의 신화를 이룬 가와가미는 '타격의 신'으로 불릴 정도로 정확한 타격을 자랑했던 타자 출신이다.

요미우리 자이언츠에서 18년 동안 7,500타수 2,347안타로 통산타율이 3할 1푼 3리였다. 그동안 181개의 홈런을 터트렸고, 타점도 1,319개나 올렸다. 가와가미는 원래 투수였다가 타자로 전향했는데, 일본 프로야구에서는 왕정치와 함께 가와가미를 투수에서 타자로 전향해서 성공한 모델로 꼽고 있다.

그리고 보면 한국의 최고타자 이승엽, 메이저리그 홈런왕 출신 베이브 루드도 투수에서 타자로 전향한 선수다.

가와가미의 현역시절 등번호 16번은 요미우리에서 영구 결번이 되었고, 1965년에는 경기인 출신 '제4호'로 일본프로야구 명예의 전당에 헌액되었다. 가와가미 감독은 선수시절이나 코치나 감독이 돼서도 별 다른 취미도 없이 오로지 야구에만 몰입했다. 그의 야구는 재일동포 출신의 국내 프로야구 감독 김성근·김영덕 감독의 전매특허인 관리야구의효시였다.

1974년 가와가미 감독이 'V10'에 실패한 후 요미우리 자이언츠 감독에서 물러나자 각 팀에서 치열한 스카우트 제의를 벌였다. 그러나 가와가미 감독은 "나는 영원한 요미우리맨"이라며 일언지하에 거절하고 야구해설을 하는 등 야인으로 남았다.

가와가미 감독은 요미우리 자이언츠 감독에서 물러나 이후 40년 가까이 다른 팀 감독을 맡지 않고 지내다가 2013년 10월 28일 노쇠로 인해 도쿄 이나키시의 병원에서 93세로타계했다.

성화 봉송 루트로 쳐들어간 아돌프 히틀러

아돌프 히틀러는 올림픽을 유럽 또는 세계를 정복하기 위한 수단으로 전락시켰다.

1931년 국제올림픽위원회 즉 IOC는 1936년 올림픽을 베를린에서 하는 것으로 최종 결정했다. IOC의 그러한 선택은 제1차 세계대전의 패배 이후 국제사회에서 고립되었던 독일이 다시금 부활하는 계기가 되었다.

히틀러 올림픽을 철저하게 이용하려 한다는 것은 국제사회에서도 어느 정도 눈치를 채고 있었다.

그래서 베를린 올림픽을 보이콧하려는 움직임이 미국, 영국, 프랑스, 스웨덴, 체코슬로바키아, 네덜란드 등에서 표면화되었다. 심지어 일부 보이콧 옹호론자들은 베를린 올림픽에 대한 대응 올림픽(Counter-Olympics)을 개최하자는 주장까지 제기했다. 그 가운데 규모가 가장 큰 것은 인민의 올림픽아드(People's Olympiad)로 베를린 올림픽이 열릴 즈음 1936년 8월 스페인 바르셀로나에서 개최하려 했다. 그러나 인민의 올림피아드는 스페인의 내전 발발로 취소되었다.

히틀러는 1936년 베를린 올림픽을 앞두고 기막힌 아이디어를 창안해 냈다.

올림픽 발상지인 그리스에서 성화를 채화시켜 릴레이로 유럽대륙을 종단한다는 것이었다. 그 코스는 바로 나치 독일이 유럽대륙을 석권할 코스였다. 올림픽 성화 릴레이를 핑계 삼아 철저하게 전략코스를 답사하는데 성공했다. 나치의 가공할 살육의 길목이 올림픽의 이름을 빌어 은폐된 것이다.

결국 올림피아에서 베를린까지의 성화 봉송루트가 이후 제2차 대전 당시에 발칸반도를 향한 독일군의 진격루트가 되었다.

평화의 제전 올림픽을 위하여 실행했던 성화 봉송 행사가 처음부터 전쟁을 염두에 두었던 것인지는 모르겠지만, 어쨌든 이를 철저히 전쟁에 이용한 것을 보면 히틀러와 나치는 진정한 악마였던 것 같다.

그렇지 않아도 베를린 올림픽은 올림픽이 열리기 전부터 '베를린 올림픽이냐! 나치 올림픽이냐!'라는 정치적 성격을 놓고 논란이 되었다.

1931년 여름, 1936년 올림픽을 베를린에서 열기로 결정한 직후부터 나치정권을 둘러싼 갖가지 마찰이 빚어지기 시작했다. 1932년 선거에서 이긴 나치당이 득세해서 히틀러의 등장을 예고했다.

1933년 2월, 베를린 올림픽을 준비하기 위한 기구를 발족시키기 위해 베를린 올림픽 조직위원회는 명목상으로 독일의 국가원수 힌덴부르그 대통령을 대회 명예위원장으로 추대하고 위원장으로 데오도르 데발트 조직위원장, 부위원장에 살름 베를린 시장을 임명했다.

그런데 히틀러는 힌덴부르그 대통령의 명예위원장과 살름 시장의 부위원장은 수락했지만, 데오도르 데발트 조직위원장은 물러나야 한다고 주장했다. 그의 가계(家系)에 유태인의 피가 섞여 있기 때문이었다.

올림픽이 열리기 1년 전인 1935년 나치정권은 IOC에 최후통첩을 보내 올림픽 조직위원장인 데발트 박사를 자기들이 추천하는 사람으로 교체해줄 것을 요청했다. 그러나 IOC의 라투르 위원장과 회원들은 모두 한마음이 되어 나치의 최후통첩을 무시하고 데발트 박사를 적극적으로 지원했다. 한발 더 나가서 만약 나치 정부가 끝내 위원장 교체를 고집한다면, 베를린 올림픽을 취소하겠다고 역으로 최후통첩을 했다.

그러자 천하의 히틀러도 IOC의 파워에 굴복하고 말았다. 히틀러가 상대방의 힘에 밀려 양보한 것은 그것이 처음이자 마지막이었다.

정치적으로 우여곡절을 겪은 것과는 달리 베를린 올림픽은 규모와 운영 면에서 가장 완벽한 대회로 기록되어 있다.

대회 운영을 맡은 기술전문반은 1932년 LA 올림픽에서 처음 시도했었던 전자시계와 사진판독 장치를 개선해서 선수들의 기록측정을 완전히 기계화하는데 성공했다.

기록의 기계화로 심판들의 판정이 신속하고 정확해졌고 관중들도 경기진행 상황을 알기가 쉬워져 보는 재미가 더 있었다.

나치 정부의 철저한 통제하에 대회운영을 돕기 위한 교통편의 시설이 대량으로 동원되었다.

베를린 교외에는 대규모의 선수촌이 만들어져 남자선수들을 수용했다. 선수촌은 대회가 끝난 뒤 나치 군대의 장교 클럽으로 사용되었다. 선수촌에 입촌하지 않은 여자 선수들은 스타디움 경내에 있는 호화로운 기숙사에 숙박했다.

히틀러는 베를린 올림픽에 무제한으로 돈을 쓰라고 지시를 했다. 게르만 민족의 우월성을 증명하기 위해 나치 정권의 파워를 과시하려는 불순한 의도였다.

대회에 관한 모든 정보와 자료 안내문이 독일어, 영어, 프랑스어 등 5개 국어로 번역되어 전 세계 매스컴에 배포되었다. 외국 관중만 15만 명이 넘었고, 440만 장의 입장권이 매진되었다.

대회는 경기진행, 선수단 이동 등 모든 것이 계획대로 정확하게 운영되었다. 일반적인 문화행사도 치밀하게 진행되었고, 기념우표가 나오고, 사상 처음으로 개막식에서 폐막식까지 비록 회로이기는 하지만 텔레비전이 등장해서 경기장 밖에서도 경기현장을 지켜볼 수가 있었다.

베를린 올림픽의 개, 폐회식을 하는 메인 스타디움도 10만 명을 수용하는 대규모 경기장이었다. 스타디움 옆에 기차역과 주차장이 만들어졌고, 체육관도 무려 2만 명을 수용할 수 있었다.

1936년 8월 1일 그리스에서 채화된 성화가 첫 번째 주자인 콘스탄틴 콘딜리스에 의해 봉송을 시작, 무려 3천여km를 달려와 베를린 올림픽 주경기장 성화대에 점화하고 이어서 히틀러의 개회선언으로 베를린 올림픽이 시작되었다.

52개국에서 온 5천여 명의 선수들이 입장했다. 특히 1896년 1회 아테네 올림픽 마라톤 우승자인 그리스의 스피리돈 로우에스가 히틀러의 특별초청을 받고 참석했다. 스피리돈 로우에스는 올림피아에서 따온 생 올리브 가지를 히틀러에게 선물했다.

히틀러는 여자 투포환에서 한스 뷜케가 금메달, 게르하르트 스토에크가 동메달을 휩쓸어 독일의 나치 깃발이 두 개나 휘날리자 기분이 매우 좋았는지 메달을 딴 두 선수를 따로 불러 축하해 주었다.

그는 올림픽을 앞두고 모든 국민 가운데 스포츠에 소질이 있는 사람들을 차출해서 블랙 포레스트 훈련 캠프에 집어넣어 무제한 훈련을 시켰다.

스포츠를 통해, 올림픽의 성공적인 개최를 통해 게르만 민족의 우월성을 전 세계에 선전해서 정치적 부수입을 올리려는 것이 히틀러의 계산이었다. 그러나 히틀러의 그러한 속셈은 대회 이틀째에 '잘못된 것'임을 깨달아야 했다.

미국의 흑인선수 제시 오웬스가 남자육상 100m, 200m, 400m 계주 그리고 멀리뛰기까지 석권, 혼자서 4관왕이 된 것이다.

독일 선수들이 육상 투포환에서 금메달과 동메달을 휩쓸자 그 선수들을 단상에 불러 올려 악수하며 축하해 주던 히틀러는 오웬스를 비롯해서 흑인선수들이 잇따라 금메달을 따자 모른 채 외면했다.

일본선수로 출전한 한국의 손기정과 남승룡이 마라톤에서 금메달과 동메달을 획득했을 때도 히틀러는 애써 무시하려 했다.

히틀러의 선전상 괴벨스가 발행하는 올림픽 신문에는 흑인선수들을 가리켜 "미국 선수단의 부속물들"이라고 혹평을 했다. 그리고 흑인 선수들의 금메달 획득기록을 철저하게 외면했다.

IOC의 라루트 위원장이 히틀러와 나치정권의 인종차별이 너무 지나치다고 보고 히틀러에게 '스포츠 정신에 위배되는 행동을 하지 말라'는 내용의 경고를 했다.

그 후 히틀러는 독일의 메달리스트들을 단상으로 끌어 올리지는 않았지만 귀빈실로 불러 격려를 했다.

독일은 베를린 올림픽에서 금메달 38개를 획득, 금메달 24개에 그친 미국을 제치고 종합 1위를 차지했다. 미국이 1908년 런던 올림픽에서 개최국 영국에게 종합 1위를 내준 이후 두 번째였다.

올림픽이 열리는 기간 동안 히틀러는 폭력적 인종차별 정책을 은폐하는데 온 힘을 기울였다. 대부분의 반유태주의 구호는 일시적으로 사라졌고, 신문들은 잔혹한 표현들을 자제했다.

올림픽이 성공적으로 끝나자 전 세계 여론이 독일에 긍정적인 반응을 보였다.

미국의 뉴욕 타임즈는 "1차 세계대전 패배로 암흑 속에 빠져 있던 독일이 더욱 더 인간적인 모습으로 돌아왔다"고 썼다.

그밖에 세계유수의 언론들은 "이 같이 평화로운 시기가 좀 더 오래 지속되었으면 좋겠다"고 쓰기도 했다.

그러나 윌리엄 사이어 등 몇몇 기자들은 "베를린 올림픽이 표면적으로 성공한 것으로 보이는 이유는 인종차별주의와 폭력통치를 숨기고 있기 때문"이라고 신랄하게 비판했다.

베를린 올림픽 이후에도 히틀러의 스포츠를 활용한 만행은 더욱 잔혹했다.

1939년 9월 1일 히틀러는 제2차 세계대전의 출발점이 되는 폴란드를 베를린 올림픽 때 살펴 두었던 성화 봉송 루트를 통해 침공했다.

토머스 버크의 크라우칭 스타트

1896년 1회 아테네 올림픽 남자육상 100m 결승전 사진을 보면 희한한 장면을 볼 수 있다.

당시 결승전에는 5명의 선수가 출전했는데, 왼쪽부터 홈 팀 그리스의 칼코 콘딜리스, 미국의 토머스 버크, 독일의 프리츠 호프만 헝가리 알라요스 소콜라이 그리고 미국의 프랜시스 레인이었다.

그런데 5명의 출전 선수 가운데 왼쪽에서 두 번째 4번 레인의 미국 대표 선수인 토머스 버크 선수만이 정확하게 크라우칭 스타트 자세를 취하고 있고, 다른 선수들은 중, 장거리 선수들처럼 오픈 스타트 자세를 취하고 있다.

토머스 버크의 크라우칭 스타트는 당시만 해도 웃음꺼리에 지나지 않았지만, 그가 12초F의 기록으로 은메달(당시는 금메달이 없었고 1위 선수에 은메달을 주었다)을 차지하면서 이후 모든 단거리 선수가 크라우칭 스타트 자세를 취하게 되었다. 예선에서는 11초80으로 결승전 때 보다 더 좋은 기록을 세우기도 했다.

당시 토머스 버크는 21살의 보스턴 대학교 로스쿨 대학생이었다. 400m 전문 선수로 100m가 자신의 주 종목도 아니었기 때문에 어떻게 해서든지 남보다 스타트가 빨라야 좋은 성적을 올릴 수 있다고 생각해 고심 끝에 크라우칭 스타트를 고안해 낸 것이다.

만약 토머스 버크가 자신의 주 종목인 400m만 출전했었다면 크라우칭 스타트는 훨씬 늦게 개발되었을 것이다.

토머스 버크는 비록 스프린터보다 순발력이 떨어지는 400m 선수지만, 만약 스타트만 다른 선수보다 빠르게 할 수 있다면 100m에서도 좋은 성적을 올릴 수 있다고 판단했다.

토머스 버크는 당시 보스턴 대학교 육상부 코치였던 제임스 레일리의 지도를 받고 있었다.

그런데 어느 날 제임스 레일리 코치가 토머스 버크에게 새로운 제안을 했다.

"내 조카가 집에서 달리기 하는 걸 봤는데, 마치 고양이 같은 자세로 뒷발로 벽을 치며 출발하니까 금방 속도가 붙더라고."

"그래서 저도 고양이처럼 웅크렸다가 튀어나가는 자세로 출발해 보라구요?"

"그래."

"그런데 운동장에는 벽이 없잖아요. 어떻게 벽을 차고 뛰어 나가죠?"

두 사람은 그날 운동장에는 벽이 없다는 현실에 부딪혀 얘기가 더 이상 진전되지 않았다. 그러나 며칠 후 이번에는 토머스 버크가 제임스 레일리 코치에게 물었다.

"그냥 뒤에 벽이 있다고 생각하고, 고양이처럼 웅크린 자세로 있다가 뒷발로 땅을 박차고 튀어나가도 될 것 같네요."

"음~ 좋아 그럼 연습 한번 해볼까."

처음에는 뒷발이 미끄러지는 경우가 많았다. 그러나 뒷발 끝에 잔뜩 힘을 주고 출발할 때 땅을 찍듯이 하니까 거의 미끄러지지 않고 출발할 수 있었다.

토머스 버크는 후에 '크라우칭 스타트'라고 불리는 고양이가 웅크렸다가 튀어나가는 자세를 수천수만 번 훈련했다.

당시 모든 선수들이 시도하는 오픈 자세로 출발하면 100m를 12초 후반 또는 13초에 끊었지만, 크라우칭 자세로 출발을 하면 12초대 초반, 심지어 11초대를 끊는 경우도 종종 있었다.

토머스 버크가 평범한 스프린터에서 크라우칭 자세로 출발을 하면서부터 세계적인 스프린터가 된 것이다.

토머스 버크는 미국 대표 선발전에서 연일 세계신기록을 경신하며 당당히 1위로 선발되었고, 당시 그의 기록(11초70)은 비공인 세계기록이었다. 당시에는 통신이 발달되지 않아서 공인 기록이 없었다.

토머스 버크는 100m 뿐만 아니라 400m에서도 크라우칭 스타트를 시도해서 54초02의 기록으로 은메달을 차지해 2관왕에 올랐다. 그러면 토머스 버크의 크라우칭 스타트는 오픈 스타트보다 얼마나 더 빠른 스타트를 끊을 수 있을까?

100m는 출발(Start), 전력질주(Dash), 중간질주, 그리고 마무리(Finish)로 나누어진다.

출발, 즉 스타트란 출발 신호와 동시에 뛰어나가 약 30m까지를 말한다. 스타트를 하기 전에 조금이라도 움직이면 부정출발(Flying)이다. 과거에는 첫 번째 부정출발은 봐주었지만, 2011년 대구 세계육상선수권대회부터는 첫 번째 부정출발부터 실격처리 된다. 당시 세계신기록을 보유하면서 강력한 금메달 후보였던 우사인 볼트가 스타트 실수를 하는 바람에 뛰어 보지도 못하고 실격처리 되기도 했다.

출발할 때 가장 중요한 것은 반응 속도다.

출발은 신호총으로 알리는데, 대개 리벌버 32 캐리버 권총을 쓴다. 전자음향 장치로 총소리가 나면 동시에 전자 계시 장치가 작동하도록 만들어졌다.

출발 신호는 'On your mark' 즉 정위치, 'Set' 차렷, 출발 총성으로 이어진다. 정위치 때 선수들은 스타팅 블록에 발을 놓는다. 스타팅 블록은 육상 선수들이 출발을 하려는 보조

기구로 미국에서 개발되었다. 1948년 런던 올림픽부터 사용되기 시작했고, 앞서 언급한 1회 아테네 대회부터 1936년 베를린 대회까지는 스타트 지점에다 구멍을 파고 그곳에 발을 놓고 출발을 했었다.

스타팅 블록 때문에 선수들의 발의 위치가 보다 유리해지고 힘차게 박차고 나갈 수 있는 추진력이 생기게 한다.

스타팅 블록은 보통 알루미늄 종류의 금속으로 만드는데 선수의 발이 걸리게 되어 있고, 선수들도 자신에게 맞도록 조정할 수도 있다.

선수에 따라 두발이 놓이는 폭이 다르지만 최소 28cm 최대 66cm까지의 거리를 둔다.

출발 신호가 울리고 스타팅 블록을 박차고 나갈 때까지의 시간이 짧을수록 유리하다. 이제까지 반응 속도가 가장 빨랐던 선수는 독일의 하리 선수로 알려져 있다. 하리는 1960년 취리히 유럽육상 선수권대회에서 반응속도 0.08을 기록했었다. 칼 루이스 벤 존슨 등은 0.12초 또는 0.13초이고 우사인 볼트도 0.15초 이내다.

토머스 머크의 크라우칭 스타트가 얼마나 기발하고 과학적이었는지, 100여 년이 지난 지금까지 전 세계 모든 단거리(100m~400m) 선수들이 크라우칭 스타트를 하고 있다. 크라우칭 스타트보다 더 빠른 스타트가 개발되지 않은 것이다.

물론 허들종목 즉 100m 허들(여자) 110m 허들(남자)도 모두 크라우칭 스타트를 하고 있다. 그러면 100m에서 크라우칭 스타트를 하지 않고 오픈 스타트를 하게 되면 얼마나 손해를 볼까?

반응 속도에서부터 가속도를 붙이는 시점까지 차이가 생겨서 적어도 0.3초 정도는 손해를 볼 것으로 분석이 된다. 100m에서 0.3초는 절대적인 시간이다. 일류 선수와 그렇지 못한 선수의 차이라고 할 수 있을 정도로 엄청난 시간이다.

토머스 버크는 1896년 아테네 올림픽 마라톤이 아테네 시민들의 엄청난 관심 속에 치러진 것을 보고 미국으로 돌아와 마라톤 대회를 만들자고 주장했다.

토머스 버크는 이듬해인 1897년 1회 보스턴 마라톤 대회가 열리는데 결정적인 역할을 했다.

보스턴 마라톤 대회는 지금까지 매년 세계최고의 마라톤 대회로 인정을 받으면서 100년이 넘도록 이어져 오고 있다.

토머스 버크는 후에 변호사가 되었으며 파트타임 스포츠 저널리스트와 운동선수 코치도 했다. 토머스 버크는 1929년 2월 14일 54살을 일기로 사망했다.

숄더 롤

프로복싱은 매우 보수적인 스포츠다.

프로복싱의 공격기술은 잽, 훅, 스트레이트, 어퍼컷트 4개뿐이다. 이 4가지 공격기술로 상대 선수를 KO, 또는 TKO나 판정으로 제압한다. 그러나 스트레이트를 응용한 기술을 보인 선수가 있었다.

처음에는 캐시어스 클레이로 불렸던 무하마드 알리가 빠른 두 발을 이용해서 경중경중 뛰다가 원 투 스트레이트로 상대선수를 가격한다고 해서 '나비처럼 날아서 벌처럼 쏜다'며 변형 스트레이트 기술을 활용하기도 했다.

수비 기술은 슬립(Slip), 스웨이(Sway), 더킹(Duck or Break), 위빙(Bob and Weave), 패링과 블록(Parry/Block), 커버(The Cover-Up) 그리고 클린치(The Clinch) 등이 있다.

슬립은 자신의 몸통을 살짝 회전시킴으로서 상대 선수의 펀치를 데미지 없이 머리를 스쳐 지나가게 하는 기술이고, 스웨이는 상대선수의 펀치를 예상하고 머리나 허리를 뒤로 젖혀서 피하는 기술이다.

더킹이나 위빙은 허리를 굽히지 않은 채 그대로 주저앉으며 펀치를 피하거나 무릎을 구부리며 몸을 왼쪽이나 오른쪽으로 살짝 움직이며 피하는 동작이다. 패링은 상대의 펀치를 글러브를 써서 옆으로 흘려버리는 기술이고 블록은 손바닥으로 펀치를 막아내는 기술이다.

커버는 상대선수의 펀치가 몸에 닿았을 때 최후의 방어 수단으로 글러브를 낀 손은 머리와 턱을 보호하기 위해 위로 올라와 있고 팔뚝은 상채를 가리기 위해 명치 쪽에 붙이는데, 정타를 막기 위해 상대선수의 펀치가 미끄러지도록 허리를 약간 비틀어 줘야 한다.

클린치는 훅이나 어퍼컷을 내지 못하게 하는 기술로 자신의 양손을 상대 선수의 어깨 위로 보내며 껴안으며 상대방의 팔을 상대방의 몸에 붙여버린다. 클린치는 반칙은 아니지만 레프리에 의해서 바로 중지를 당한다.

그리고 고급 기술로 자신의 어깨를 이용한 숄더 롤이라는 기술이 있다.

숄더 롤 기술을 자신의 것으로 만들어 프로복싱의 전설을 쌓은 선수가 미국의 플로이드 메이웨더 주니어 선수다.

지난 2015년 5월 3일(한국시간) 세계 프로복싱 역사가 다시 쓰였다.

당시 47전 전승의 '무패 복서' 플로이드 메이웨더 주니어는 미국 라스베이거스 MGM 그랜드 가든 아레나에서 열린 세계복싱평의회(WBC)·세계복싱기구(WBO)·세계복싱협회 (WBA) 웰터급 통합 타이틀전에서 8체급 석권의 '전설' 필리 핀의 매니 파퀴아오를 3대0 심판의 전원일치 판정으로 꺾고 48전 전승(26KO)을 기록했다.

물론 1950대 초반 헤비급에서 무적 복서로 활약했었던 로 키 마르시아노(49전 전승 43KO승)에는 미치지 못했지만, 프로 복싱에서도 가장 선수층이 두터운 웰터급의 강자들을 모두 물리치고 전승 기록을 세운 것이다.

메이웨더는 그동안 미국의 '골든 보이' 오스카 델라 호야, 영국의 희망 리키 해튼, 멕시코의 강타자 후안 마누엘 마르 케스를 물리쳤고, 마지막 남은 강자 필리핀의 전설 매니 파 퀴아오마저 꺾었기 때문이다.

당시 메이웨더와 파퀴아오의 세기의 대결은 흥행 면에서 모든 스포츠를 능가하는 빅매치였다. 우선 두 선수의 대전 료가 메이웨더는 1억5천만 달러, 파퀴아오는 1억 달러로 무 려 2억5천만 달러였다.

입장요금도 링 사이드가 850만 원으로 판매 1분 만에 매 진이 되어 나중에는 암표가 3억 원에 거래되기도 했다. 주 심의 경기 수당이 2천 700만 원, 3명의 부심은 각각 2150만 원씩 배당되었고, 링 아나운서도 2명이 나서기도 했다. 또한 경기 하루 전에 치러진 개체량 행사도 유료(10달러)였지만 매진되었다.

경기장을 찾은 인사들도 초특급이었다.

웰터급 전 챔피언인 토머스 헌즈는 경기 시작 2시간 전 경기장에 도착해 열정을 과시했으며 전 헤비급 챔피언 에반더 홀리필드도 경기장을 찾았다. '농구 황제' 마이클 조던도 눈에 띄었다. 스포츠 스타뿐 아니라 마이클 J.폭스, 제이크 질렌할, 마이클 키튼, 클린트 이스트우드 등 할리우드 유명 스타들도 자리했다.

메이웨더가 완벽한 기본기를 바탕으로 빠른 발과 뛰어난 동체 시력 그리고 표범 같은 감각을 앞세워 프로복싱의 전설을 쌓기까지는 아버지 플로이드 메이웨더 시니어와 두 삼촌 등 세 명의 프로복서 출신 남자들이 있었기 때문에 가능했다.

메이웨더 시니어는 공격보다는 수비가 좋은 선수였다. 그러나 1978년 9월 당시 세계프로복싱 최고의 인기선수였던 미국의 슈거레이 레너드와의 경기에서 TKO패한 뒤 은퇴를 했다.

메이웨더 시니어의 동생 로저 메이웨더는 형에게서 배운 뛰어난 방어 능력에 강력한 오른손 스트레이트를 갖춘 선수였다. 나중에 로저 메이웨더는 조카 메이웨더 주니어에게 솔더 롤 기술에 강한 라이트 스트레이트를 가격하는 법을 전수해줬다.

로저 메이웨더는 WBA 슈퍼페더급, WBC 라이트웰터급 타이틀 등 2개의 세계타이틀을 차지했었다. 그러나 힘겹게 따낸 세계타이틀을 모두 1년여 만에 빼앗기고 말았다. 세계 챔피언을 지낸 성공한 프로복서였지만 초특급 선수는 아니었다.

아버지 플로이드 메이웨더 시니어, 큰 삼촌 로저 메이웨더에 이어 막내 삼촌 제프 메이웨더 역시 프로복싱계에 뛰어 들었지만 세계타이틀을 한 개도 따내지 못하고 '그저 잘 얻어맞지 않는 수비가 좋은 선수'라는 소리를 듣다가 은퇴를 하고 말았다.

세 명의 남자들이 아들이자 조카 메이웨더 주니어에게 자신들의 모든 노하우를 전수해 '완전체'로 만든 기술이 '솔더 롤'이었다.

솔더 롤이란 자신의 왼쪽 어깨로 상대방 펀치를 방어 혹은 흘려버린 후 카운터를 노리는 기술이다. 메이웨더 이전에도 솔더 롤 기술이 존재했었다. 그러나 솔더 롤을 드라마나 영화 또는 만화 속에나 나올법한 무패의 방어술로 체화한 선수가 메이웨더다.

솔더 롤을 잘못 사용하면 결정타를 맞을 가능성도 있다.

눈에 보이지도 않는 상대방 펀치의 궤적을 어깨로 흘려버리는 게 말이 쉽지 실전에선 사용하기가 매우 힘들다. 또한 상대 선수의 펀치를 막는 어깨 반대편 안면 쪽이 취약하다는 치명적인 단점이 있다. 그러니까 자신의 오른쪽 턱이 상대 선수의 레프트 훅에 걸릴 가능성이 높은 것이다. 따라서 왼손잡이 선수와 싸울 때는 숄더 롤이 무용지물이 될 가능성이 높다. 메이웨더도 왼손잡이 파퀴아오와 싸울 때 숄더 롤을 거의 사용하지 않고 잽이나 원투 스트레이트를 성공시키거나, 파퀴아오가 빠른 연타로 공격을 해올 때 클린치로 위기를 넘기는 모습을 자주 볼 수 있었다.

또한 체력이 떨어지는 라운드 후반부로 가면 숄더 롤이 사실상 무용지물이 될 가능성이 높아진다. 상대 선수의 펀치를 피하는 자신의 스피드가 떨어져서 결정적인 펀치를 허용할 확률이 높기 때문이다. 그리고 방어적으로 나가다가 난타를 얻어맞고 그로기 상태에 빠지는 등 숄더 롤 기술을 완전히 숙지하지 못하면 오히려 위험에 노출될 수 있는 기술이다. 그러나 이런 단점을 엄청난 스피드와 동물 같은 반사신경, 뛰어난 체력을 통해서 극복한 것이 메이웨더 주니어다. 그의 숄더 롤은 그만의 신체적 재능을 기반으로 구사하기에 다른 복서들과 그 기술적 완성도가 매우 다르다고 할 수 있다.

마라톤은 내리막길에서 승부 걸어야

인간은 누구나 승부를 하면서 살아간다.

자신이 의식을 했건 하지 않았건 인간은 매 순간 승부를 해야 한다. 인간이 하는 승부 가운데 가장 깨끗하고 정직한 승부의 광장이 올림픽이다.

올림픽 종목 가운데 마라톤은 인간이라면 누구나 한번쯤 승리의 월계관을 쓰고 싶은 1급수 종목이다.

황영조.

한참 뛸 나이인 26살에 은퇴를 해서 많은 사람들에게 아쉬움을 준 마라톤 천재다.

황영조는 짧은 마라톤 선수생활을 하는 동안 불과 3승을 올렸는데, 그 3승은 모두 종합 스포츠 제전, 즉 1991년 세필드 하계유니버시아드 마라톤, 1994년 히로시마 아시안게임 마라톤 그리고 1992년 바르셀로나 올림픽 마라톤이다.

황영조는 자신이 올린 3승 가운데 역시 바르셀로나 올림픽 마라톤을 가장 의미가 있는 승부로 꼽고 있다.

바르셀로나 올림픽 마라톤 코스는 언덕이 많고, 날씨가

덥고, 도로가 거칠어서 올림픽 사상 최악의 코스로 악명이 높다. 따라서 마라톤 레이스가 시작되기 전부터 스피드보다는 지구력이 좋은 선수가 유리하고 우승 기록이 2시간 10분대를 넘지 못할 것으로 전망되어졌다.

바르셀로나 올림픽 남자 마라톤은 1992년 8월 9일 72개국 112명의 선수가 출발을 했는데, 한국은 황영조와 함께 김완기, 김재룡 3명의 선수를 출전시켰다.

당초 국내에서는 황영조는 김완기, 김재룡의 페이스메이커 정도로 여겼고, 날씨가 덥고 코스가 평탄하지 않기 때문에 스피드가 좋은 김재룡 보다 지구력이 뛰어난 김완기가 유리할 것으로 예상을 했었다. 초반 레이스는 예상했던 대로 김완기가 주도를 했고, 황영조와 일본의 모리시타 고이치가 김완기의 뒤를 따랐다.

그런데 마의 30km 지점을 통과하면서 김완기가 뒤로 처지기 시작했고, 그때부터 황영조와 모리시타의 2파전으로 좁혀졌다.

모리시타는 5000m, 10,000m 기록이 황영조보다 1~2분 이상 앞선 아시아 최고의 스피드를 자랑하는 선수였다. 나이도 황영조보다 3살이나 많고, 마라톤 경험, 기록 등 모든 면에서 황영조보다 한 수 위의 선수였다.

황영조는 막판까지 모리시타와 접전을 벌이면 결국 자신

이 이길 수 없다고 판단, 도망갈 찬스만 노리고 있었다.

바르셀로나 올림픽 마라톤 코스는 30km를 지나면서 계속 오르막길이었다.

모리시타와 경쟁을 하던 황영조는 오르막길에서 도망가면 거리 차를 벌이기 어렵지만, 내리막길에서 스퍼트를 하면 순간적으로 멀리 달아날 수 있다고 판단, 미리 답사를 해 둔 골인 지점 3km 못 미친 몬주익 언덕의 내리막길에서 승부를 걸려고 했다.

황영조와 모리시타는 몬주익 언덕을 어깨를 나란히 하고 올랐다.

몬주익 언덕에 올라서자 바르셀로나 시내가 내려다 보였다. 그러나 황영조는 내리막길이 보이자 미친 듯이 내달리기 시작했다. 마치 바르셀로나를 점령하려는 듯이.

모리시타도 뒤늦게 힘을 내봤지만 시간이 지날수록 황영조와 모리시타의 거리는 점점 벌어져 갔다.

황영조는 점점 가속도를 붙여 내 달렸고, 모리시타는 안간힘을 썼지만 이미 발동이 걸린 황영조의 스피드를 따라잡을 수 없었다.

모리시타의 얼굴이 마치 세상의 모든 고통을 안고 있는 사람처럼 일그러졌고, 황영조의 표정에는 점점 여유가 생기기 시작했다.

황영조는 당당히 선두로 몬주익 스타디움에 들어섰다.

황영조가 몬주익 스타디움에 들어서자 8만여 관중이 기립박수로 환영을 했고, 이를 TV중계로 지켜보던 20억 이상의 지구촌 사람들이 한국선수의 투혼에 놀라움을 금치 못했다.

황영조는 골라인을 통과한 후 잠시 기절했지만, 이내 정신을 차리고 관중석에서 자신의 우승을 지켜보던 손기정 옹에게 다가가 역사적인 포옹을 함으로써 과거와 현재 영웅의 극적인 만남도 세계적인 뉴스가 되었다.

한국은 바르셀로나 올림픽 첫 이벤트인 여자 공기소총 10m에서 여갑순 선수가 금메달을 따냈고, 마지막 이벤트인 남자마라톤에서 황영조가 금메달을 차지해 올림픽의 처음과 마지막 이벤트를 한국 선수들이 장식한 셈이 되었다.

황영조는 몬주익 언덕에서 몬주익 스타디움까지 약 3km의 거리를 약 8분에 내달렸다.

몬주익 언덕 위에 올라 내리막길에서 승부를 걸겠다는 8분 동안의 '절정의 순간'이, 한국 마라톤의 역사를 새롭게 쓰게 된 결정적인 계기가 되었을 뿐만 아니라 한국 스포츠의 역사까지 바꿔놓았다.

우선 황영조 개인적으로는 몬주익 언덕에 '황영조 부조'가 세워지는 역사를 만들었다. 처음에는 살아있는 인물의 동상은 안 된다고 손을 내저었던 스페인의 까탈류냐 정부는 한국 정부의 설득을 받아들여 몬주익 언덕에 황영조의 부조를 세우는데 동의하기에 이르렀다. 지금도 한국의 관광객들은 몬주익 언덕 위에 있는 황영조의 부조를 바라보며 감격에 젖기도 한다. 황영조가 달리는 모습이 담겨 있는 돌은 그의 고향인 강원도에서 직접 공수를 해 온 것이다.

그리고 황영조의 남자마라톤 금메달로 바르셀로나 올림픽 한국 팀의 금메달 수가 12개(종합 7위)가 돼서 4년 전 1988년 서울 올림픽 때 금메달 12개로 종합 4위를 한 것이 홈그라운드 이점 때문이었다는 국제스포츠계의 비판을 쏙 들어가게 했다.

황영조의 올림픽 금메달 기록은 2시간13분23초였다. 황영조의 밑으로 22초가 늦은 기록으로 일본의 모리시타(2시간13분45초)와 독일의 프라이강(2시간14분00초)이 각각 은메달과 동메달을 획득함으로써 1936년 베를린 올림픽 때 독일 땅에서 일본의 이름으로 금메달을 딴 조선의 영웅 손기정 옹의 원한을 확실하게 풀어준 셈이 되었다.

다양한 커브로 511승을 올린 사이 영

야구는 투수놀음이다.

야구는 투수의 비중이 8할을 차지한다. 그래서 유럽의 일부국가와 사회주의 국가에서는 투수가 차지하는 비중이 너무 높아 공평하지 못하기 때문에 야구를 즐기지 않고 있다. 아무튼 야구에서 승패가 가려지면 타자에게는 아무것도 주어지지 않지만 투수에게는 반드시 승리투수와 패전투수가 주어진다.

그러나 1승이 공 1개 던지고 올릴 수도 있지만 150개 이상을 던지고도 올리지 못할 수도 있다. 그래서 실력과 함께 운도 따라주어야 승리투수가 될 수 있다.

그런데 세계야구 최고의 무대인 메이저리그에서 무려 511승을 올린 투수가 있다.

메이저리그의 전설적인 투수 사이 영이다. 사이 영은 풀타임 22년간 단 한 번도 부상을 당하지 않으며, 최다승(511승) 최다 패(316) 최다 선발등판(815) 최다 이닝(7354⅓) 최다 완투 경기(749) 최다 실점, 최다 피안타 등 각종 '최다' 기록을 거의 다 쓸어 담았다.

30승 이상을 5차례나 달성했으며, 20승 이상은 15차례나 올렸다. 오히려 20승에 실패한 시즌이 7차례로 더 적었다. 또한 '15년 연속 15승'은 시카고 컵스의 그레그 매덕스가 '16년 연속 15승 이상'을 기록하기 전까지 두 선수가 공동으로 갖고 있던 기록이다. 하지만 강력함의 척도라고 할 수 있는 방어율과 탈삼진에서의 1위는 각각 2번에 불과했으며, 최다 완봉에서도 역대 1위가 아닌 4위(76 경기)에 올라있다.

사이 영의 본명은 덴튼 트루 영이다. '사이'는 '폭풍(cyclon)'의 줄임말로, 1899년 마이너리크 캔턴 시절 그의 공을 받던 포수가 '공이 사이클론처럼 빠르네'라고 한대서 연유한 것이다. 하지만 사이 영은 '파워피처'라기보다는 '컨트롤 투수'였다. 그리고 요즘 말하는 '투 피치 투수'였다.

사이 영은 직구와 커브 두 가지 종류의 구질로 한 시대 아니 프로야구 역사상 최고의 투수로 자리매김했다.

사이 영은 두뇌피칭의 일인자였으며, 팔의 각도를 바꿔 던지는 '다양한 커브'로 타자들을 농락했다. 당시 커브를 던지는 투수가 거의 없었다.

그런 가운데 사이 영은 위에서 밑으로 떨어지는 전통적인 커브와 45도와 60도 각도로 떨어지는 커브로 타자들을 농락했다. 그리고 커브의 속도도 느린 커브와 더 느린 커브

그리고 아주 느린 커브로 타자들의 타이밍을 빼앗았다.

현대의 투수 가운데는 브렛 세실. 유스메이로 페티트 등이 각도는 크지 않지만 빠른 속도로 떨어지는 파워 커브를 구사하고 있고, 코리 클루버는 커브의 움직임이 프리스비 같아서 작차는 크지 않지만 움직임이 보통 커브보다 훨씬 많다.

사이 영이 직구와 커브 투 피치만으로 시대를 초월한 최고의 투수가 된 것은 컨트롤이 뒷받침되었기 때문이었다.

특히 커브의 제구력은 역대 최고 수준으로 평가받고 있다. 커브로 타자들의 타이밍을 빼앗기도 했지만, 스트라이크를 던져 삼진을 빼앗는 경우도 많았다.

사이 영이 활약한 22시즌 중에서 최소 볼넷 허용률 1위에 14번이나 올랐으며, 통산 9이닝 당 볼넷 수가 1.48에 불과하다. 1890년 내셔널리그 클리블랜드 스파이더스 팀에서 메이저리그에 데뷔한 영은, 이듬해 27승을 거두며 팀의 에이스로 도약했다. 당시 최대 라이벌은 현재 애틀랜타 브레이브스인 보스턴 비네이터스의 키드 니콜스 투수였다.

1895년, 클리블랜드는 정규시즌에서 2위를 차지한 후 '템플컵 시리즈'에서 1위 보스턴을 누르고 우승을 차지했다. 사이 영은 1898년 시즌까지 9년간 클리블랜드에 241승을 올렸다. 하지만 재정위기에 봉착한 클리블랜드가 주축선수들을 모두 내다 팔면서, 영은 세인트루이스 퍼펙코스(현 세인트루이스 카디널스)로 이적했다.

사이 영은 세인트루이스로 팀을 옮겼으나 샐러리캡(연봉 총액 제한제)으로 인한 적은 연봉 때문에 불만이었다. 사이 영은 2년 후 당시로는 최고액인 3,000달러 연봉을 받고 신생팀 아메리칸리그의 보스턴 필그림스(현 보스턴 레드삭스)로 팀을 옮겼다. 보스턴으로 갈 때 사이 영의 나이는 34세였다. 그러나 아직도 그의 전성기를 계속돼, 첫 시즌이었던 1901년 트리플크라운(다승 방어율 삼진)을 차지했고, 33승으로 팀 승리의 40% 이상을 책임졌다. 사이 영은 첫 3년간 93승(30패)을 거두며 다승왕을 3연패했고, 1903년에는 아메리칸리그 우승팀과 내셔널리그 우승팀이 9전5선승제로 우승팀을 가리는 제1회 월드시리즈에서 초구를 던지는 행운을 잡았다.

사이 영은 보스턴에서 8년간 192승을 올려, 보스턴이 아메리칸리그의 첫 번째 명문 팀으로 자리매김하는데 결정적인 역할을 했다. 1904년은 가장 화려한 시즌이었다. 사이 영은 4월 중순부터 5월 중순까지 44이닝 연속 무실점과 24$\frac{1}{3}$이닝 연속 무안타 기록을 세웠다. 5월 5일에는 당대 최고의 왼손투수였던 필라델피아 어슬레틱스(현 오클랜드)의 루브 웨델과 격돌해 생애 유일의 퍼펙트게임을 따냈다.

타자로서의 능력도 뛰어났던 그는 그해 3할 2푼 1리의 고

타율을 마크했으며, 1893년부터 4년간은 무려 94타점을 올리기도 했다.

1908년 41세의 영은 뉴욕 하이랜더스(현 뉴욕 양키스)를 상대로 생애 3번째 노히트노런을 달성했다. 하지만 시즌 후 보스턴은 1만 2,500달러를 받고 사이 영을 클리블랜드 냽스(현 클리블랜드)에 팔았다.

클리블랜드 팀에 복귀하던 첫해인 1909년에 17승을 올렸지만, 이듬해 7승에 그쳐 20년 만에 10승 달성에 실패했다. 1911년 시즌 중 다시 내셔널리그 보스턴 브레이브스(현 애틀랜타)로 이적한 영은 마지막 등판경기에서 1대0으로 이겨 511승째를 따냈다.

1936년에 메이저리그의 명예의 전당이 처음 생기고 타이콥, 베이브 루스를 비롯한 '최초의 5인'이 첫 번째 헌액의 영광을 안았지만, 그 안에 사이 영은 포함되지 못했다. 사이 영은 그 이듬해인 1937년 76.12%의 비교적 낮은 투표율로 명예의 전당에 올랐다.

하이킥의 원조 롤란 라이언

미국 프로야구 메이저리그 2004년 시리즈가 한창 진행 중이던 2004년 9월 16일, 또 하나의 새로운 기록이 세워졌다. 애리조나 다이아몬드백스의 41살 백전노장 투수인 랜디 존슨이 좌완투수 최다 탈삼진 기록을 세운 것이다. 랜디 존슨은 콜로라도 로키스와의 홈경기에 선발 등판해 8이닝 동안 5안타 2실점으로 팀의 3대2 승리를 이끌며 탈삼진 1개를 기록해 신기록을 세웠다.

존슨은 개인통산 탈삼진을 4,139개로 늘려, 4,136개를 기록하고 있던 스티브 칼턴의 좌완 최다 탈삼진 기록을 경신한 것이다. 랜디 존슨이 좌완 투수 최다 탈삼진 기록을 경신함으로서 메이저리그 통산 최다 탈삼진 기록을 갖고 있는 롤란 라이언의 5,714개 기록이 다시 수면 위로 떠올랐다.

롤란 라이언은 박찬호가 공주고 시절부터 가장 닮고 싶어 했던 메이저리그의 살아있는 전설이고, 실제 박찬호가 메이저리그에 진출한 이후 자주 만나서 많은 격려를 해주었던 우리에게 친숙한 이름이다.

롤란 라이언은 1966년부터 1993년까지 27년의 선수생활 동안 무려 11번이나 리그 탈삼진 타이틀을 따낸 명실상부한 "닥터 K"의 원조 투수다. 개인통산 9이닝 당 삼진 개수는 9.55개나 된다. 1이닝에 1개 이상의 탈삼진을 탈취한 것이다.

현역 선수가운데 앞서 좌완투수 최다 탈삼진을 기록했던 랜디 존슨이나, 보스턴 레드삭스의 에이스였던 페드로 마르티네스는 그보다 좋은 수치를 자랑했었다. 그러나 중요한 것은 "개인통산" 기록이다. 라이언은 개인 통산 324승이나 올렸고, 통산 방어율 3.19를 기록했다. 라이언은 강속구가 트레이드 마크였다.

공식기록 171km는 뉴욕 양키스 마무리 투수 아놀드 채프먼 선수가 세운 가장 빠른 공이다.

롤란 라이언은 공이 빠를 뿐만 아니라 체중을 실어 던지기 때문에 묵직해서 웬만해서는 장타를 맞지 않는다.

왼발을 크게 올리는(하이 키킹) 특이한 투구 폼 때문에 공에 체중을 실을 수 있었다.

당시 다른 투수들도 라이언의 하이키킹 흉내를 내기도 했지만 거의 모두 실패했다. 박찬호도 초창기에는 하이키킹 투구 폼으로 강속구를 자랑하며 전성기를 누리기도 했었다. 하이키킹 투구 폼을 공의 스피드나 위력을 배가 시킬 수는 있지만 제구력에는 마이너스 요인이다. 롤런 라이언도 제구력 때문에 고전을 한 경기가 많았다.

롤런 라이언은 "만약 내가 하이키킹을 개발하지 않았다면 평범한 선수에 지나지 않았을 것이다. 아마 메이저리그에도 오르지 못했을 것이다. 내 공의 파워는 키킹에서 나왔다. 만약 키킹을 하지 않고 던졌다면 내공의 스피드는 메이저리그 평균인 90마일 안팎에 그쳤을 것이다."라며 하이 키킹 투구 폼이 자신의 오늘날을 있게 한 것이라고 강조했다.

물론 하이키킹 외에도 강속구 투수 치고는 키도 크지 않고 손도 작은 편이었기 때문에 손바닥으로 공을 감싸고 조이듯이 타이트하게 잡고 던져야 했다.

1947년생인 라이언은 스무 살이 채 안된 1966년에 뉴욕 메츠 소속으로 메이저리그에 데뷔했다. 이후 1970년까지 5시즌을 메츠에서 뛰었지만 그때까지 성적은 평범했다. 라이언은 1971년 시즌에 처음으로 10승을 기록했다.

1972년 시즌부터는 캘리포니아 에인절스(현재의 애너하임 에인절스)로 이적, 전성기를 열기 시작했다. 1972년 시즌에 19승을 올리며 2.28의 방어율에 무려 329개의 삼진을 잡아내 '닥터'로서의 가능성을 보이기 시작한 것이다.

그러나 그해 '사 이영상'은 클리블랜드 인디언스의 에이스 투수 게이로드 페리가 차지했다. 라이언은 1973년 시즌에도 21승을 올리며 2.87의 방어율에 383개의 삼진을 잡았다. 한 시즌 383개의 탈삼진은 메이저리그 신기록으로 지금까지 깨지지 않고 있다. 383개의 탈삼진을 기록하려면 적어도 400이닝을 던져야 하는데, 투수로테이션이 세분화되어 있는 현대야구에서는 좀처럼 깨트리기 어려운 기록이다. 1974년 시즌에는 22승에 2.89의 방어율에 367개의 탈삼진. 라이언은 1971년 시즌부터 1986년 시즌까지 무려 16년 연속 두 자리 승수를 쌓았고, 데뷔 첫해와 은퇴하기 바로 직전 시즌만 빼고는 계속 2점대, 혹은 3점대 방어율을 기록했다. 그래도 '사이 영상'과는 인연이 없었다. 은퇴할 때까지 한 번도 '사이 영상'을 받지 못한 것이다.

라이언은 1980년부터 다시 내셔널리그의 휴스턴 에스트로스 팀으로 이적했다. 그렇지만 이때는 이미 삼십대 중반에 이르는 나이가 되었기 때문에, 캘리포니아 시절만큼의 좋은 성적은 올리지 못했다. 투구 이닝도 줄어드는 추세였고, 스피드도 떨어졌다. 1989년 시즌부터 다시 아메리칸리그 텍사스 레인저스로 돌아와 텍사스에서 은퇴를 했다.

라이언이 텍사스에서 마지막 선수생활을 했고, 또 자신도 텍사스 팀을 가장 좋아했기 때문에 많은 팬들에게 텍사스맨으로 기억되고 있다. 라이언은 1993년 시즌 텍사스에서 단 66.1 이닝만을 던지고, 27년의 메이저리그 생활을 마감했다. 만 46세까지 현역 선수생활을 한 것이다.

라이언은 초창기 때는 볼이 빨랐지만 하이키킹 투구 폼 때문에 제구력이 나빴다.

1972년에서 1974년까지 3년 연속, 그리고 1976년부터 1978년까지 3년 연속, 1980년과 1982년 등 모두 8번이나 '리그 사사구 왕'에 올랐었다. 1974년에는 무려 202개의 볼넷을 기록했고, 1977년에는 그보다 2개나 더 많은 204개를 기록했다. 물론 한 시즌 333이닝 투구라는 초인적인 투구를 했기 때문에 상대적으로 많은 볼넷을 허용했다.

라이언은 80년대 중반 이후로는 볼넷이 상당히 줄었는데도 불구하고 개인통산 2,795개의 볼넷을 허용했다. 라이언의 초인적인 기록은 그밖에도 1977년 한 해에 무려 22차례나 완투경기를 펼친 것이다. 지금 한 투수가 한 시즌에 많아야 5~6게임 정도 완투 경기를 하는 것과 비교하면 라이언의 어깨가 얼마나 강했는지 짐작이 갈 것이다. 라이언은 또한 개인통산 61번의 완봉승을 기록했으며, 그 가운데 보통 투수가 일생에 한번 기록하기도 힘들다는 노히트노런 기록이 무려 7차례나 포함되어 있다. 그런데 한 가지 아쉬운 점은 61차례나 완봉승을 거두면서도 퍼펙트게임은 단 한 번도 없다는 것이다. 라이언은 생애 통산 7번 올스타에 선정되었는데 5차례는 아메리칸리그 소속, 2번은 내셔널리그 소속이었다. 라이언은 1999년에 명예의 전당에 헌액되었다.

트라이앵글 오펜스

트라이앵글 오펜스를 한 마디로 표현하면, '트리플포스트 오펜스' 즉 삼각공격 전술이다. 기존의 빅 맨을 로우포스트에 두고 다른 선수가 하이포스트, 그리고 개인기가 좋은 선수가 반대쪽에서 포스트 업을 할 수 있게 만들어 각자의 역할과 공간을 활용한다.

일단 포스트에 볼을 투입한 후의 플레이에 미리 약속을 정해 수비가 어느 한 곳이라도 집중하지 못하게 만들어 각 선수마다 활용도를 높이는 것이다.

트라이앵글 오펜스 창시자인 프레드 텍스 윈터(Fred Tex Winter) 코치가 필 잭슨이 시카고 불스 팀 감독으로 취임했을 때 전수를 해줘서 'NBA 농구'의 전설을 쌓아가게 한 대표적인 농구 전술이다.

트라이앵글 오펜스는 마이클 조던과 같은 개인기가 뛰어난 선수의 독단적인 플레이를 방지하고 나머지 선수들의 공격에 대한 활용 그리고 그런 스타플레이어의 아이솔레이션을 극대화하는 것으로 공격을 목적으로 한다.

아이솔레이션은 기량이 극히 뛰어난 선수에게 공을 몰아 주고 공간을 확보해 줘서 최대한 그 선수의 활약을 극대화하는 공격 방법인데 필 잭슨 밑에 마이클 조던, 스카티 피펜, 코비 브라이언트 등 개인기가 뛰어난 선수들이 있었기에 가능했다.

트라이앵글 오펜스는 5명의 선수 가운데 3명의 선수가 삼각형을 이뤄 좋은 슛 기회를 노리는 공격 방식이다. 또는 5명의 선수가 두 개의 삼각형을 만들 수도 있다.

공격수들이 이 공격 방식에 익숙해지면 상대팀 수비수들은 막아내기가 쉽지 않다. 한 선수가 앞에 나가 있는 상태에서 2개의 삼각형을 만들어서 나머지 두 명이 선두선수를 보조하면서 공을 주고받아 수비수들을 혼란스럽게 만들기 때문이다.

트라이앵글 오펜스는 개인이 아닌 팀으로 슛 찬스를 만들기 때문에 팀워크가 좋아질 수밖에 없다.

트라이앵글 오펜스의 골자는 특정 슈터에게 의존하지 않고 어떤 선수건 슛을 할 수 있는 공간 확보가 잘된 선수가 골을 넣을 수 있는 시스템이다.

슈팅 능력이 뛰어난 선수가 아니더라도 시스템의 움직임에 따라 어렵지 않게 골을 넣을 기회를 얻게 된다.

일반적으로 슈팅력이 떨어지는 선수가 슛을 많이 시도하

면 "왜 저렇게 욕심을 낼까?"하고 지적을 하는 경우가 많은 데, 이 시스템은 누가 슛을 쏠지 모르고, 또 슛을 노리는 선수가 5명의 선수 가운데 가장 슛을 성공시키기 좋은 지점과 타이밍을 갖고 있기 때문에 누가 슛을 던지더라도 전혀 상관이 없다.

필 잭슨은 세계 남자농구의 최정상 무대인 NBA에서 선수 시절 두 번, 감독으로서 11번 등 모두 13번이나 정상에 오른 신화적인 인물이다.

감독으로서 13번 파이널(결승전)에 진출해서 11번의 우승은 뛰어난 용병술과 함께 트라이앵글 오펜스를 완전히 숙지, 대표적인 전술로 활용했기에 가능했다.

필 잭슨은 1989(~90)년 시즌부터 시카고 불스 팀을 맡아서 6번(1991~2시즌부터)이나 정상에 올랐고, LA 레이커스 팀으로 옮겨서도 5번(~2009~10년 시즌까지) 우승을 차지해 모두 11번 챔피언 반지를 끼었다. 필 잭슨은 11번 파이널 챔피언에 오르는 동안 3번이나 3연패를 차지했다.

시카고 불스 시절 1991~1993, 1996~1998년 시즌까지 두 번, LA 레이커스 2000~2002시즌 한 번 등 NBA 무대를 완벽하게 제패했었다.

필 잭슨이 맡은 팀에는 항상 슈퍼스타가 있었다. 영원한 슈퍼스타 마이클 조던을 비롯해서 스카티 피펜, 데니스 로

드먼, 호레이스 그렌트(이상 시카고 불스), 샤킬 오닐, 코비 브라이언트(이상 LA 레이커스) 등이다. 그래서 필 잭슨이 엄청난 성적을 올릴 수 있었던 것은 자신의 능력이라기보다는 슈퍼스타와 함께 했었기 때문이라고 폄하되기도 한다.

그래서 그런지 11번이나 우승을 차지했는데도, 그 해 최고의 감독에게 주는 'NBA 올해의 감독상'은 정규리그에서 72승 10패(역대 최고 승률)를 기록한 1995~1996년 시즌 한번밖에 받지 못했다.

필 잭슨은 이듬해인 1996~1997년 시즌에도 69승(13패)의 역대 2위의 엄청난 승률을 올렸는데도 불구하고 올해의 감독상을 61승(21패)에 그친 마이애미의 팻 라일리 감독에게 빼앗겼다.

슈퍼스타들은 상대적으로 강한 개성과 자존심을 갖고 있기 마련이라 컨트롤하기가 쉽지 않다. 더구나 그의 대표적인 용병술 가운데 하나인 트라이앵글 오펜스는 슈퍼스타에 의존하기보다는 팀워크로 승부를 하는 전술이다.

하지만 슈퍼스타들을 보유하고도 우승 맛을 보지 못한 감독들도 부지기수다. 그리고 1972년 시즌부터 휴스턴 로케츠의 감독으로 재직하는 2시즌 동안 트라이앵글 오펜스의 창시자 윈터가 올린 성적은 고작 51승 78패였다.

이는 필 잭슨의 트라이앵글 오펜스가 심지어 다른 감독

원조보다 더 완벽하게 자기 것으로 만들어서 활용했기 때문이다. 실제로 필 잭슨 감독 이전과 이후에도 트라이앵글 또는 그와 비슷한 공격전술을 활용했었던 감독이 있었지만 필 잭슨만큼 완벽하게 성공시킨 감독은 없었다.

필 잭슨은 1945년 미국 몬타나 주에서 태어났다. 1964년 노스다코다 주립대학에 입학했고, 1967년 2라운드 17순위로 뉴욕닉스 팀에 입단해서 프로농구 선수 생활을 시작했다. 1970년과 1973년에 선수로서 우승 맛을 보았다. 1978년 뉴저지 네츠로 팀을 옮겼고, 1980년 은퇴했다.

그는 1989년 시카고 불스 팀 감독으로 선임되었을 때 마이클 조던과 감독과 선수로서 처음 만났다.

당시 시카고 불스는 마이클 조던이라는 슈퍼스타를 보유하고도 5년 동안 우승을 한 번도 하지 못하고 있었다.

필 잭슨 감독은 시카고 불스 팀이 마이클 조던이라는 절대적인 슈퍼스타를 보유하고도 우승을 하지 못한 이유는 팀이 개인(마이클 조던)에게 너무 의존하기 때문이라고 생각을 했다. 그러니까 마이클 조던의 팀이 아니라 팀 속에 마이클 조던이 녹아 들어가야지만 좋은 성적을 올릴 수 있다고 판단한 것이다.

필 잭슨은 심리전에 능해 젠 마스터(Zen master) 즉 '선사(禪師)'로도 불렸다. 필 잭슨 감독은 선(禪)과 같은 동양사상에 심취했었다.

필 잭슨은 선수들의 심리와 성격파악에 뛰어나고 그에 따라 다양한 방법으로 선수들을 지도해 경기력을 최상으로 이끌어내기 때문에 심리학자로 불렸다.

2002 한일 월드컵 때 한국 팀을 맡았던 거스 히딩크 감독이 월드컵 개막 50일 전에 "지금 우리 팀의 컨디션은 50퍼센트에 지나지 않는다. 그러나 앞으로 매일 1퍼센트씩 좋아져서 폴란드와 개막전에는 100퍼센트 컨디션으로 경기에 임할 것이다."라고 말한 것이 바로 심리학자급 감독의 대표적인 경우다.

실제로 한국 대표팀은 2002 한일 월드컵 개막전에서 황선홍, 유상철 선수의 릴레이 골로 2대0으로 이겼고, 그 승리에 탄력을 받아서 4강까지 올랐다.

필 잭슨은 시카고 불스 팀 감독으로 취임한 첫날 마이클 조던을 불러 "너의 뛰어난 기량보다 더 중요한건 팀 성적이다. 팀 성적이 좋아지려면 동료들의 기량이 지금보다 더 향상 된다면 우리 팀의 우승도 가능할 것이다."라고 말했다.

필 잭슨이 마이클 조던에게 말한 뜻은 개인보다는 팀이 중요하다는 것이었다.

당시 감독보다 위상이 더 높았던 '역대급' 슈퍼스타 마이클 조던의 심기를 건드려서 팀 분위기가 더 나빠질 수도 있었다. 그러나 필 잭슨은 팀이 우승하기 위해서는 마이클 조던을 설득해야 한다고 생각했고, 실제로 행동에 옮겼다.

결국 필 잭슨은 팀을 우승시켰고, 조던은 우승 맛을 보았고, 농구 선수로서 뿐만 아니라 인간적으로도 더욱 성장한 계기가 되었다.

파넨카 킥

축구에서 페널티 킥은 골키퍼와 키커 간의 '고도의 심리 전'이다. 그러나 골키퍼가 키커보다 유리한 위치에 있는 것은 사실이다. 왜냐하면 페널티 킥(승부차기 포함)은 성공 확률이 높아서 한 골이라고 여기기 때문에 골키퍼는 골을 허용해도 본전이라는 생각을 한다. 반대로 키커는 당연히 성공을 시켜야 한다는 부담을 갖게 된다.

페널티 킥은 수많은 에피소드를 남기고 있다.

한국축구와 관련된 일화는 1969년 10월 20일 지금은 추억속으로 사라진 동대문운동장에서 벌어진 한국과 호주의 1970년 멕시코 월드컵 15-A조 마지막 경기였다.

당시 1승1무1패의 한국은 2승1무의 호주를 이기면 재경기를 할 수 있는 중요한 경기였다. 전반 26분 박수일의 선제골과 후반 5분 바츠의 동점골로 스코어는 1대1. 후반 20분 한국의 스트라이커 이회택이 페널티킥을 얻어냈고, 킥의 정확성이 가장 높은 수비수 임국찬이 키커로 나섰다.

임국찬은 오른발로 강하게 찼다. 그러나 너무 긴장한 나머지 킥 지점이 약간 짧아서 뒤땅을 차고 말았다. 방향은 정확했으나 약해진 볼은 호주 골키퍼 가슴에 안기고 말았다. 임국찬은 그 페널티 킥 실축으로 졸지에 역적으로 몰려 정상적인 사회생활을 하기 어려울 지경에 이르러 끝내 '이민 설'이 나돌기도 했다.

임국찬의 페널티 킥이 대표적인 실패 사례라면 2002년 한일 월드컵 한국 대 스페인과의 8강전이 0대0으로 끝난 후 승부차기에서 이운재가 호아킨 선수의 페널티 킥을 막아낸 뒤, 홍명보의 페널티 킥이 성공하여 '월드컵 4강'의 대역사를 달성한 것은 대표적인 성공 사례에 속한다.

역사상 가장 유명한 승부차기 실축은 1994년 미국 월드컵 결승전에서 이탈리아 말총머리 로베르토 바조를 빼놓을 수가 없다.

당시 5번 키커로 나선 바조는 크로스바를 훨씬 넘기는 어이없는 실축을 했다. 그 한 번의 실수로 바조는 조국 이탈리아를 결승까지 이끌었던 영웅에서 월드컵을 헌납한 역적으로 지탄받아야 했다.

임국찬이나 바조 또는 호아킨의 경우에서 봤듯이 한 경기에 한 번만 해도 역적이 되는 페널티킥 실축을 세 번이나 한 선수도 있다.

아르헨티나 대표 팀의 마틴 팔레르모는 지난 1999년 7월

4일 코파아메리카 컵 콜롬비아와의 경기에서 아르헨티나가 얻은 페널티킥 3개를 모두 실축했다. 아르헨티나는 결국 0 : 3으로 완패를 당했다.

최근 페널티 킥 성공률이 점점 떨어지고 있는 추세다.

2014 브라질 월드컵에서 30번의 페널티 킥이 주어졌는데, 23번 밖에 성공하지 못해서 76퍼센트의 성공률에 그치고 있다. 통상적으로는 80퍼센트로 알려져 있었고, 그동안 월드컵 국제대회 국내대회의 모든 페널티 킥을 분석해 보면 80퍼센트 안팎의 성공률을 보여 왔었다. 페널티 킥 성공률이 떨어지고 있는 것은 키커들의 압박감이 예전보다 더 높아지고 있기 때문이다.

페널티 킥은 키커가 골대로부터 11m 떨어진 지점에서 가로 7.32m 세로 2.43m의 골대 안으로 골키퍼의 방어를 피해 골을 넣는 것을 말한다.

키커가 시속 100km 안팎의 강슛을 차면 골대까지 걸리는 시간은 0.3초, 골키퍼가 반응하는 시간은 0.6초. 따라서 물리적으로 볼 때 골은 100퍼센트 성공을 해야 한다. 그러나 엄청난 부담을 갖고 있는 키커의 실축과 골키퍼의 선방 때문에 20퍼센트 안팎의 키커가 골을 넣지 못하고 있다.

그런데 키커가 성공률을 높이려면 골대 양쪽 끝, 골키퍼 머리 위쪽 소위 말하는 야신 존(역대 최고의 골키퍼 구소련(러시아)의 야신도 막을 수 없는 존)으로 차 넣으면 거의 100퍼센트 성공한다. 그러나 야신 존으로 차려면 그만큼 실축의 확률이 높아진다. 골대 밖으로 쳐낼 가능성이 높은 것이다.

골을 낮게 차면 골대 안으로 차 넣을 확률은 높아지지만 그 대신 골키퍼가 막을 가능성도 높아진다.

대개의 골키퍼는 자신을 기준으로 왼쪽, 오른쪽, 가운데 중 두 곳을 포기하는 경우가 많은데, 키커가 낮은 쪽으로 차 넣을 때 골키퍼가 판단한 방향(오른쪽 또는 왼쪽)이 일치하면 막을 가능성이 높아지는 것이다.

그런데 그동안의 페널티 킥에서 키커의 슈팅 방향을 분석해 보면 골키퍼 기준으로 왼쪽, 가운데, 오른쪽의 확률이 거의 3분의 1씩으로 나와 있다. 그런데도 골키퍼는 94퍼센트 정도는 왼쪽 또는 오른쪽으로 다이빙을 하고 있다.

이러한 골키퍼들의 심리를 잘 이용한 것이 체코슬로바키아의 안토닌 파넨카 선수다.

파넨카는 대부분의 선수생활을 보헤미안스 1905에서 보냈다. 킥력이 좋아서 1980년 '체코슬로바키아의 올해의 축구선수'에도 선정되기도 했었다. 1981년 라피트 빈 팀으로 이적했고 1982년과 1983년에 리그 우승과 1983년과 1984년에 오스트리아 컵 우승을 차지했다. 그 후 VSE 장크트푈텐 팀으로 이적했고, ASV 호헤나우를 거쳐 1993년 클라인비젠도

르프 팀에서 은퇴했다. 파넨카가 지금의 '파넨카 킥'을 처음 선보인 것은 클럽 경기가 아니라 체코슬로바키아 대 독일의 국가대표 경기였었다.

체코슬로바키아는 UEFA 유로 1976에 출전하여 결승전에서 서독과 만났다.

두 팀의 결승전 경기는 연장전까지 갔으나 2-2로 승부를 가리지 못하고 UEFA 유럽 축구 선수권 대회 결승전 사상 처음으로 승부차기에 들어갔다.

두 팀 모두 세 번째 선수까지는 성공했으나, 서독의 네 번째 선수 울리 회네스가 공을 골대 위로 차서 실축했다.

이제 체코슬로바키아가 4-3으로 한 골 앞선 상황에서 4번째 키커 파넨카가 골을 넣으면 체코슬로바키아의 우승이 확정되는 순간이었다. 당시 서독의 골키퍼는 당대 최고의 골키퍼 제프 마이어였다. 파넨카가 킥을 하려하자 제프 마이어는 왼쪽으로 몸을 날렸지만, 파넨카는 공을 가볍게 차서 정면으로 날려 보냈고 공은 그대로 골문 안으로 빨려 들어갔다. 그 후 그러한 형식의 페널티 킥은 파넨카의 이름을 따서 '파넨카 킥'이라고 불리기 시작했다. '파넨카 킥'을 고안해 낸 것은 우연의 일치가 아니었다.

파넨카는 보헤미안 1905팀에 있을 때 팀 훈련을 모두 마치고 골키퍼 즈데네크 흐루시카와, 초코렛 바 또는 맥주 내기 페널티 킥 연습을 했다.

파넨카는 즈데네크 흐루시카와 수많은 페널티 킥 내기를 한 결과 대부분의 골키퍼는 키커가 공을 차기 전에 자신이 정한 방향으로 미리 다이빙을 한다는 사실을 알았다. 그래서 골키퍼가 서 있는 자리 즉 가운데로 차면 성공확률이 높다는 결론을 얻었다.

파넨카는 그 전에도 친선 경기나 리그 경기에서도 한두 번 파넨카 킥을 성공시켰는데, 당시에는 경기의 비중이 그다지 높지 않았기 때문에 널리 알려지지 않은 것이다. 그리고 UEFA 유로 같은 중요한 대회 더구나 우승이 걸려 있는 결정적인 순간에 하필 자신의 앞에서 서독 선수가 실축을 한 뒤라 킥을 성공시키면 우승할 수 있는 절호의 기회가 와서 써먹은 것이다.

그 후 파넨카는 UEFA 유로 1980에도 출전했고, 그 대회 이탈리아와의 3·4위전에서 다시 한 번 승부차기에서 파넨카 킥을 성공하여 체코슬로바키아가 3위를 차지하는데 기여했다. 체코슬로바키아는 1982년 스페인 월드컵 본선에 진출했다.

파넨카는 스페인 월드컵에서 페널티 킥으로 2점을 뽑아냈는데, 그것이 체코슬로바키아의 유일한 득점이었고, 2라운드 진출에는 실패하였다.

그 후, UEFA 유로 2000에서 이탈리아의 프란체스코 토티가 네덜란드와의 준결승전 승부차기에서 파넨카 킥을 성공시켰다.

2006년 독일월드컵에서 프랑스의 지네딘 지단이 이탈리아와의 결승전에서 지안루이지 부폰을 상대로 파넨카 킥을 성공시켰고, 2011~12 독일 뮌헨 알리안츠 아레나에서 벌어진 UEFA 챔피언스 리그 결승전에서 첼시 FC의 디디에 드로그바 선수가 마지막 승부차기 키커로 나서 파넨카 킥을 성공시키며 FC 바이에른 뮌헨을 승부차기에서 4대3으로 꺾고 팀의 챔피언스리그 첫 우승을 이끌어냈다.

그렇다면 골키퍼가 어떻게 하면 파넨카 킥을 막아낼 수 있을까?

가만히 서 있으면 막을 수 있다. 실제 통계를 기반으로 분석할 때 페널티킥에서 골키퍼가 행할 수 있는 최적의 전략은 먼저 예측하지 않고 가만히 서 있는 것이다. 왜냐하면 가운데에 몰린 공을 보고 쳐내는 건 높낮이에 관계없이 모두 가능하지만 좌우측을 향하는 공은 이야기가 다르기 때문이다. 그렇다고 가만히 서 있자니 왠지 불안하다. 그 불안 때문에 파넨카 킥을 막기 어려운 것이다.

럭비 7인제 채택

지구상에 있는 모든 스포츠 종목은 올림픽 정식종목 채택을 최대의 목표로 여기고 있다.

올림픽 정식종목으로 채택이 되는 순간, 마이너에서 메이저로 승격이 된다. 유도와 배구는 1964년 도쿄 올림픽에 정식종목으로 되기 전까지는 그저 평범한 사회체육 종목에 지나지 않았다. 1992년 바르셀로나 올림픽에서 정식종목으로 된 배드민턴과 2000년 시드니 올림픽에서 정식종목으로 된 태권도도 마찬가지였다.

럭비는 원래 올림픽 정식종목이었다. 1908년 런던 올림픽에 처음 정식종목으로 채택이 되었다. 런던 올림픽 개최국 영국은 호주, 캐나다, 뉴질랜드, 영국 등 영연방 국가에서 성행하고 있는 럭비를 정식종목으로 집어넣었다. 런던 올림픽에서는 결승전에서 호주가 개최국 영국을 꺾고 첫 금메달을 차지했다.

그러나 1912년 스톡홀름 개최국 스웨덴은 럭비를 개최종목에서 뺐다. 스웨덴에도 럭비 팀이 있기는 했지만 수준이

131

너무 낮아서 영연방 국가들의 잔치가 될게 너무 뻔했기 때문에 의도적으로 탈락시킨 것이다.

1차 세계대전 직후에 벌어진 1920년 앤트워프 올림픽에도 원래는 럭비가 정식종목에 들어가 있지 않았으나, 영국을 비롯한 영연방 국가들의 치열한 로비로 결국 정식종목으로 채택이 되었다. 그러나 앤트워프 올림픽에서 영연방 국가들이 전멸하고 결승전을 미국(금메달)과 프랑스(은메달)가 벌였다.

1924년 파리 올림픽을 개최한 프랑스는 럭비를 정식종목에 포함시켰다. 전 대회 결승전에서 미국에게 패했기 때문에 홈에서 설욕을 노리려는 의도도 있었다. 파리 대회에서도 영연방 국가들은 전멸했고, 미국, 프랑스 루마니아가 금, 은, 동메달을 차지했다.

럭비는 파리 올림픽 이후 영연방 국가들의 지원이 시들해지면서 올림픽 무대에서 사라졌다.

이후 럭비는 국제럭비위원회(IRB)를 중심으로 올림픽 정식종목으로 다시 들어가기 위해 치열한 스포츠외교를 벌인 끝에 2016 리우데자네이루 올림픽에 정식종목으로 열리게 되었다. 럭비는 15인제 10인제와 세븐스라고 불리는 7인제가 있는데, 리우데자네이루 올림픽에는 7인제만 열리게 되었다.

격렬한 몸싸움이 특징인 럭비는 구기종목 가운데 가장 거친 종목으로 손꼽힌다. 뛰는 선수의 수에 따라 15인제와 10인제 그리고 7인제로 나뉜다. 그러나 일반적으로는 10인제는 거의 열리지 않고 15인제와 7인제만 알려져 있다.

1973년 홍콩에서 7인제가 개발되기 전까지 일반적으로 럭비라면 15인제를 말했다. 전후반 40분씩 뛰는 15인제는 덩치가 크고 힘이 좋은 팀이 유리하다. 그래서 신체적인 조건에서 불리한 한국과 세계 수준의 격차도 크다. 그러나 15인제는 대규모 종합대회에는 적합하지 않다. 한 경기를 뛰면 2~3일을 쉬어야 하기 때문에 대회 기간에 맞추기가 어렵고 많은 선수가 필요한 점도 부담이다. 반면 7인제는 전후반 7분씩 하프타임 휴식시간까지 포함해 15분이면 한 경기가 끝난다. 파워보다는 전술 이해력과 스피드, 임기응변이 승패를 좌우한다. 그 때문에 7인제 럭비는 15인제를 제치고 2016년 리우데자네이루 올림픽의 정식 종목으로 채택된 것이다. 지난 2014 인천 아시안게임에서도 럭비는 남녀 7인제만 열렸다.

남동아시아드 럭비장에서 열린 경기에서 금메달은 일본이 가져갔고, 홍콩과 우리나라가 각각 은메달과 동메달을 차지했다. 여자부는 중국이 결승전에서 일본에 이겨서 금메달을 차지했고, 카자흐스탄이 동메달을 획득했다. 한국여자 럭비는 아직 초보단계라 메달권에 들지 못했다.

1998년 방콕 아시안게임 때 처음으로 정식 종목으로 도입된 럭비는 원래 7인제와 15인제가 함께 열리다가 2006년 도하 대회부터 15인제는 빠지고 7인제만 채택되어 오고 있다.

한국은 7인제 남자 럭비에서는 아시아에서 일본과 함께 양 강으로 군림하고 있다.

1998년 방콕 대회와 2002년 부산 대회에서 7인제, 15인제 모두 일본을 꺾고 정상에 올랐고 2006년 도하 대회에서는 일본에 져 은메달에 그쳤었다. 또한 2010 광저우 대회에서는 준결승에서 일본에 패해 동메달에 만족해야 했다.

한국, 일본과 함께 7인제 럭비의 발상국인 홍콩도 호시탐탐 아시아정상을 노리고 있다.

국제럭비위원회 즉 IRB는 1987년부터 럭비월드컵(15인제)을 열기 시작했는데, 그로부터 6년 후인 1993년부터는 4년에 한번씩 '7인제 럭비월드컵'을 개최해 오고 있다.

7인제 럭비월드컵 우승팀에게는 멜로스 컵이 주어지는데, 2009년부터는 여자 7인제 월드컵도 동시에 열리고 있다.

앞서 아시안게임에서 알아본 것처럼 7인제 럭비는 아시아 무대에서 한국, 일본, 홍콩이 '3강'을 형성하고 있지만 이들 국가들은 세계무대에서는 명함도 내밀지 못하고 있다. 영연방 국가들이 세계랭킹 1위부터 10위까지 점유를 하고 있는 실정이다.

1993년에 스코틀랜드 애든버러에서 처음 치러진 7인제 럭비월드컵 결승전에서는 영국이 호주를 21대17로 꺾고 첫 우승을 차지했다. 1997년 홍콩에서 치러진 2회 대회에서는 결승전에서 피지가 남아프리카 공화국을 대접전 끝에 24대 21로 제압하고 세계정상에 올랐다.

이후 피지 뉴질랜드, 호주 웨일즈 등이 정상을 다퉈 오다가 최근 남아메리카의 아르헨티나가 두각을 나타내고 있다.

럭비가 미식축구, 축구와 가장 다른 점은 볼을 패스하는 방식이다. 미식축구나 축구는 볼을 전, 후 또는 좌, 우 자유자재로 패스를 할 수가 있다. 그러나 럭비는 옆 또는 뒤로만 패스를 할 수 있다. 앞으로 패스하면 반칙이다. 이는 15인제나 7인제나 마찬가지다.

7인제 럭비는 15인제와 경기장 크기(가로 122m, 세로 70m)는 똑같다. 득점 방식은 미식축구에서의 터치다운을 럭비에서는 트라이라고 한다. 5점을 획득한다. 미식축구와는 달리 럭비공을 바닥에 터치해야 한다. 트라이를 하면, 추가로 럭비공을 찰 수 있다. 이를 컨버전 골이라고 한다. 2점을 획득한다. 상대팀이 반칙을 하면 페널티 골을 찰 수 있다. 3점을 획득한다. 다만 15인제와 달리 7인제는 드롭골(3점) 제도가 없다. 볼도 고구마처럼 생긴 타원형 공을 그대로 사용한다.

그러나 경기 시간은 큰 차이가 난다. 15인제가 전, 후반 40분씩 중간에 10분 휴식을 하는 등 한 경기를 치르는데 90분이 소요되고 한 경기를 치르고 나면 축구처럼 48시간(또는 72시간) 안에 다음 경기를 치를 수 없어서 종합스포츠 제전에 포함시키는데 무리가 있었다. 반면, 7인제는 전후반 7분씩 14분에, 1분간의 휴식시간이 있어서 15분 안팎이면 한 경기를 치를 수 있고, 매일 경기를 치러도 되기 때문에 올림픽이나 아시안게임에 포함시켜도 대회 스케줄을 짜는데 전혀 무리가 없다.

빌리빈의 머니 볼

머니 볼이라 불리는 메이저리그 오클랜드 어슬레틱스 빌리 빈 단장의 야구는 혁명적인 것이었다.

야구는 스포츠 가운데 가장 기록이 많은 종목이고, 따라서 기록에 대한 의존도가 가장 큰 종목이다.

투수의 능력은 다승, 방어율, 탈삼진 그리고 WHIP(Walks Plus Hits Divided by Innings Pitched)즉 투수가 이닝당 주자를 안타와 볼넷(몸에 맞는 볼 포함)으로 얼마나 많이 루상에 내보내느냐로 가려진다.

다승은 선발 또는 중간계투나 마무리로 마운드에 올라서 1년에 몇 승을 올리느냐, 방어율은 경기당 자신이 책임지는 점수가 몇 점이나 되느냐 그리고 탈삼진은 이닝 당 몇 명이나 삼진으로 잡느냐를 측정한다.

그리고 WHIP는 1.3, 즉 한 이닝에 1.3명을 내보내는 것을 기준으로 수준급 투수냐 그렇지 않느냐로 가늠한다. 그러니까 한 이닝에 주자의 출루를 1.3명 이내로 막으면 좋은 투수이고 넘으면 그렇지 못한 투수라고 할 수 있다.

타자의 능력을 가늠하는 3대 요소는 타율, 타점, 홈런이다. 그리고 여기에 도루를 집어넣어서 얼마나 센스가 있느냐를 본다.

타율은 타자가 100번 타석에 들어서서 몇 번이나 안타를 때리느냐, 타점은 타석에서 주자를 몇 명이나 홈까지 불러들이느냐 그리고 홈런은 1년에 몇 개나 치느냐를 가늠한다.

야구에서 이 같은 기준은 과거에도 그래왔었고, 앞으로도 변하지 않을 것 같다.

그런데 1998년부터 메이저리그 오클랜드 어슬레틱스 단장을 맡은 빌리 빈은 야구의 이 같은 공식을 깨트린 이른바 세이버 매트릭스를 선호하는 구단 운영으로 많은 관심을 모았다.

빌리 빈은 1984년 뉴욕 메츠가 1라운드 23번째 선수로 뽑은 유망주였다. 뉴욕 메츠는 4년 전인 1980년에 1라운드 전체 1번으로 외야수 부문에서 전설적인 기록을 남긴 대럴 스트로베리를 드래프트 했었다.

메이저리그 드래프트에서 1라운드에 선택을 받았다는 것은 고교 또는 대학에서 엄청난 가능성을 갖고 있었다는 것을 의미한다. 물론 1라운드에서 드래프트된 이후 꽃을 피우지 못하고 그대로 시들어 벌인 선수들이 부지기수이지만, 팀에서 볼 때는 많은 액수의 계약금을 투자한 최고 유망주인 것만큼은 틀림없다.

빌리 빈은 192cm의 엄청난 하드웨어로 엄청난 운동능력으로 야구뿐만 아니라 미식축구 농구 등에도 소질을 보였지만 야구에 전념하기 위해서 다른 종목을 포기했다.

그러나 뉴욕 메츠, 미네소타 트윈즈, 디트로이트 타이거즈, 오클랜드 어슬레틱스 팀에서 6년 여 동안 백업 외야수로 활약하면서 148경기에 출전 0.219의 타율에 3개 홈런 29타점에 그쳤다.

오클랜드 어슬레틱스 팀에서 은퇴를 한 후 1993년부터 스카우터로 활약하다가 1998년 전임 샌디 앨더슨의 후임으로 단장을 맡게 되었다. 이후 그는 '세이버메트리션' 이론을 바탕으로 기존의 메이저리그 구단들과 다른 팀 운영을 선보였고, 그 결과 메이저리그에서 가장 가난한 구단 중 하나인 애슬레틱스를 2000년대 이후 거의 매년 포스트시즌에 진출하는 강팀으로 변모시켰다.

'세이버메트리션'은 야구에 사회과학의 게임 이론과 통계학적 방법론을 적극 도입하여 기존야구 기록의 부실한 부분을 보완하고, 선수의 가치를 비롯한 '야구의 본질'에 대해 좀 더 학문적이고 깊이 있는 접근을 시도하는 방법론이다.

그러나 빌리 빈의 혁명적인 야구는 페넌트레이스에서는 엄청난 효과를 봤지만, 포스트 시즌에서는 그다지 위력을 발휘하지 못했다.

그가 단장을 맡은 이후 오클랜드는 1999년부터 2006년까지, 8년 동안 승률 .537 이상을 기록했고 다섯 번이나 플레이오프에 진출했다. 2001년 시즌은 102승, 2002년 시즌은 103승을 기록했다. 103승 가운데는 메이저리그 아메리칸리그 최고 연승인 '20연승'의 어마어마한 기록도 포함되어 있다. 그러면서도 그 기간 동안 오클랜드의 총 연봉은 메이저 30개 팀 중 거의 늘 20위권 밖에 있었다. 그는 고연봉 선수들을 거의 영입하지 않고 유망주 중심으로 팀을 운영하였으며 신기에 가까운 트레이드로 우수한 선수를 데려왔다.

늘 선발진은 탄탄했지만 불펜투수는 팜에서 키워 쓰거나 다른 팀에서 적은 돈을 주고 데려와 썼고, 타선은 표면적으로 드러난 운동능력을 앞세운 선수보다는 출루율과 장타율이 좋은 선수 위주로 타선을 운영하여, 팀 도루는 적어도 많은 점수를 뽑았다.

메이저리그에서 오클랜드 팀은 저비용 고효율 팀의 상징이 되었고, 고액의 연봉을 쓰는 뉴욕 양키즈와 보스턴 레드삭스 등과 승률이 비슷했다. 그러나 빌리 빈의 혁명적인 야구는 포스트 시즌에서 한계를 드러냈다.

오클랜드는 그동안 뉴욕 양키즈(27번), 세인트루이스 카디널스(11번) 팀에 이어 3번째로 많은 9번의 월드시리즈 우승을 차지했다. 1972년부터 1974년까지는 월드시리즈 3연패를 했었고, 명장 토니 라루사 감독이 맡았던 1989년 월드시리즈에서는 내셔널리그 1위 팀 샌프란시스코 자이언츠를 4대0으로 완파하고 우승을 차지했다. 그러나 이듬해인 1990년 토니 라루사 감독은 오클랜드를 월드시리즈까지 올려놓는 데는 성공했지만, 월드시리즈에서 루피엘라 감독이 이끄는 신시네티 레즈에 0대4로 완패해 준우승에 머물렀다. 이후 오클랜드는 월드시리즈 우승은커녕 월드시리즈 무대에도 오르지 못했다. 그래서 빌리 빈의 혁명적인 야구는 페넌트 레이스에서는 효과적이지만 플레이오프 같은 단기전에서는 약하다는 평가가 나왔다.

빌리 빈 단장은 "페넌트레이스 같은 장기전에서는 어떻게 해 보겠는데, 플레이오프 같은 단기전은 운이 차지하는 비중이 너무 높아서……"라고 말하기도 했다.

브라질 축구의 4-2-4 전형

브라질 축구는 1954년 스위스 월드컵 때까지만 해도 하나의 의미 없는 몸짓에 지나지 않았다.

그때까지 남미에서는 우루과이 아르헨티나 또는 칠레가 축구 강국으로 군림했었고, 브라질은 축구 변방이었다.

1930년 1회 우루과이 월드컵 때도 우루과이와 아르헨티나가 정상을 다툰 반면 브라질은 유럽의 중위권 국가 유고슬라비아에 1대2로 패해서 4강에 오르지 못했다. 브라질을 꺾고 4강에 오른 유고슬라비아는 우루과이에 1대6으로 대패를 당해 결승 진출에 실패했었다.

브라질은 전 대회 우승국가인 우루과이 등 대부분의 남미국가들이 불참한 1934년 2회 이탈리아 월드컵에도 아르헨티나와 함께 출전했지만 스페인에게 1대3으로 패해 1회전에서 탈락했다.

1938년에 벌어진 3회 프랑스대회에 브라질은 남미 국가 가운데 유일하게 출전했다. 당시 브라질에는 레오니다스 다 시우바라는 걸출한 공격수가 있었다. 레오니다스는 폴란드와의 첫 경기에서 혼자서 무려 4골을 터트려 브라질을 6대5 승리로 이끌었다.

브라질은 체코슬로바키아와 8강전을 가졌는데, 첫 경기에서 1대1 무승부를 기록했다. 그 경기에서도 레오니다스가 전반전 30분에 첫 골을 터트렸다.

당시는 정규시간과 연장전에서 승부가 가려지지 않으면 재경기를 했다. 브라질과 체코슬로바키아는 첫 경기에서 비긴 이후 이틀 만인 1938년 6월 14일 보르도 무니시팔 스타디움에서 재경기를 치렀다. 레오니다스가 후반 12분 동점골을 터트린 브라질이 체코슬로바키아를 2대1로 물리치고 월드컵 출전 사상 처음으로 4강전에 진출했다. 4강전의 상대는 디펜딩 챔피언 이탈리아였다. 브라질 선수들은 체코슬로바키아와 재경기까지 치르며 체력이 바닥난 상황에서 투혼을 발휘했지만 이탈리아의 철벽 방어를 뚫지 못했고 결국 2대1로 패하며 결승 진출이 좌절되었다.

레오니다스는 4강전에 출전하지 않았다. 당시 브라질의 감독이었던 아데마르 피멘타가 레오니다스의 체력을 배려한답시고 이탈리아전의 출전 명단에서 그를 제외시키는 실수를 저지른 것이다.

결국 3, 4위전으로 밀려난 브라질은 스웨덴을 만났고 스웨덴에게 2골을 먼저 얻어맞았지만 레오니다스의 2골을 발판 삼아 4대2로 역전승을 거뒀다.

레오니다스가 이끄는 브라질은 비록 3위에 그쳤지만 레오니다스의 플레이는 축구팬들을 매료시키기에 충분했다.

레오니다스는 기술이 뛰어나고 강한 왼발 슈팅과 위치 선정 능력을 동시에 갖춘 당대 최고의 공격수였다. 그의 별명은 '검은 다이아몬드', '고무 인간' 등이었다.

이후 브라질은 1950년 4회 브라질 월드컵에서 첫 우승을 노렸지만, 우루과이와의 실질적인 결승전에서 1대2로 역전패를 당해 브라질 전 국토를 비탄의 도가니에 빠트리게 했고, 1954년 5회 스위스 월드컵에서는 히데구티, 콕시스 등 당대 최고의 공격수들을 보유한 헝가리에 8강전에서 패해 탈락했다.

1954년 스위스 월드컵에서 또다시 정상 정복에 실패한 브라질축구는 그 대신 많은 교훈을 얻었다.

브라질의 축구 지도자들은 그 당시 황금기를 누리던 헝가리의 경기 방식을 관찰하고 연구하기 시작했다. 그 중 헝가리의 포지션 체인지에 대한 공격을 어떻게 더욱 강력하게 재탄생시킬 수 있을지에 대해 끝없이 고민했다.

그 결과 브라질 축구의 새로운 역사를 시작하게 되는 장본인 비센테 페올라의 4-2-4가 탄생하게 된다.

당시 헝가리의 MM시스템이 철저한 대인마크 수비방법을

기반으로 하는 WM시스템을 공격적인 부분에서 공략하기 위한 시스템이었다면, 비센테 페올라의 4-2-4는 헝가리의 유기적인 포지션체인지 같은 변칙적인 공격방법을 어떻게 대처할 수 있을지, 그리고 헝가리 대표 팀의 포지션 체인지를 어떻게 더욱 강력하게 만들 수 있을지 생각해 만든 시스템이라고 볼 수 있다.

WM시스템이 MM시스템에 완벽하게 공략되면서 MM시스템의 포지션체인지에 대한 수비적 대책 또한 마련해야 한다는 헝가리의 세베슈감독과 벤피카감독의 벨라구트만은 수비적인 해답 또한 찾아내었고, 그 해답은 대인마크가 아닌 지역방어였다.

1954년 스위스 월드컵 이후 헝가리와 활발한 전술적 교류를 했던 브라질은 세베슈와 구트만이 다져놓은 4-2-4를 적극적으로 받아드렸고 브라질 대표 팀에 도입하면서 비센테 페올라 감독은 숫자 포메이션의 시초인 4-2-4를 완성시킨 것이었다.

WM과 MM시스템의 포메이션 형태에서 더욱 밸런스 있는 포메이션이 탄생되었고 가로범위로의 지역을 넓게 커버하는 포백형태를 도입하며 지역방어에 기초를 두었다.

당시 대인방어 시스템을 여지없이 허물었던 포지션스위칭은 지역방어의 형태로 수비적인 대처를 할 수 있게 되었고, 공격적 측면에서는 헝가리가 보여준 전방에서의 스위칭을 통한 변칙적인 공격 전개를 연구하고 발달시키면서 브라질의 판타스틱 4라고 불리는 자갈로, 바바, 펠레, 가린샤를 통한 창조적이고 변칙적인 스위칭을 통한 화려한 공격을 완성시켰다.

그리고 4-2-4의 2, 즉 허리에 해당하는 디디와 지토의 상황에 따른 공격가담과 수비가담은 현대축구에서의 미드필더 역할에 해당하는 역할로 현대축구의 미드필더라는 개념을 명확하게 해준 장본인들이었다.

브라질은 페올라 감독의 4-2-4 전형, 자갈로, 바바, 가린샤, 펠레로 이뤄지는 '판타스틱 4'를 앞세워 1958년 5회 스웨덴 월드컵에 출전 했다.

스웨덴 월드컵은 월드컵 역사상 한 대회 최다 골(13골)을 기록한 퐁테느가 이끄는 프랑스와 전력이 급격히 향상된 브라질이 강력한 우승후보였다. 지난대회 우승을 다퉜던 서독과 헝가리 선수들은 대부분 은퇴를 했다. 1957년 남미 축구선수권대회 우승팀 아르헨티나는 주요선수 3명을 이탈리아 프로축구 팀에 차출당해 전력이 약화 되었다.

브라질은 소련과 4조 예선 마지막 경기에서 당시 17세 7개월 23의 애송이 펠레와 함께 가린샤 지토를 월드컵 무대에 데뷔시켰다.

브라질이 처음 선보인 4-2-4의 판타스틱 4도 빛이 났지만, 가운데 2를 맡고 있는 디디는 그라운드의 마술사였다.

그리고 주장 벨리니와 길마르, 산토스, 닐톤 등 4명의 수비수들이 맡은 지역방어도 철벽이었다. 아직도 2-3-5 시스템이나 그 변형을 쓰고 있던 다른 팀들은 브라질의 4-2-4 전형과 기술에 압도당했다.

스웨덴 월드컵의 하이라이트는 퐁테느를 앞세운 프랑스와 4-2-4 전형의 브라질이 벌인 4강전이었다. 그러나 구식 방패(프랑스)로는 최신형 창(브라질)에 뚫리게 마련이었다.

프랑스는 경기 초반에는 퐁테느가 동점 골을 넣는 등 대등하게 맞서는 듯 했지만, 해트트릭을 기록한 펠레 등에게 무수히 얻어맞아 2대5로 참패를 당했다.

브라질은 1950년 브라질 대회에 이어 두 번째로 월드컵 결승전에 올랐다. 결승전 상대는 홈팀 스웨덴이었다.

스톡홀름 로준다 경기장에는 비가 내리고 있었다. 구스타프 국왕을 비롯한 5만 여 관중들은 스웨덴이 8년 전 브라질 대회 결승리그에서 홈팀 브라질에게 1대7로 참패를 당한 것을 분노하며 월드컵 첫 우승을 차지해 줄 것을 명창 레이노르 감독에게 기대를 하고 있었다.

스웨덴은 경기 시작 4분 만에 리에드홀름이 기선을 제압하는 선제골을 터트렸다. 그러나 브라질의 바바가 전반 20

분과 22분에 동점골과 추가골을 터트려 브라질이 2대1로 역전을 한 가운데 전반전이 끝났다.

전반전이 바바의 무대였다면 후반전은 펠레의 독무대였다. 펠레는 후반 11분 스웨덴의 페널티에어리어 안쪽에서 높이 날아오는 볼을 허벅지로 받아 넘기면서 몸을 돌려 터닝슛을 성공하게 했다. 펠레는 후반 44분 이번에는 헤딩으로 쐐기 골을 넣었다. 브라질의 5대2 승이었다.

스웨덴 관중들은 자국선수들이 패하기는 했지만 펠레와 디디가 펼치는 브라질 선수들의 예술적인 묘기에 아낌없는 박수를 보내 주었다.

브라질의 스웨덴 대회 우승은 브라질 축구의 위대한 행진의 출발점으로 브라질이 기술 축구의 선두주자임을 알리는 신호탄이었다. 그리고 17살 펠레가 축구황제로 등극하는 시발점이기도 했다.

이후 브라질은 1962년 칠레 대회에서 체코슬로바키아와의 결승전까지 14골(5실)을 몰아치는 막강한 공격력을 앞세워 이탈리아에 이어 두 번째로 월드컵 2연패에 성공했다.

브라질은 1966년 잉글랜드 월드컵에서는 펠레의 뜻하지 않은 부상으로 1라운드에서 탈락했다. 그러나 1970년 멕시코 월드컵은 1958년, 1962년 월드컵 우승의 주역 마리오 자갈로가 감독이 되어 출전했다.

멕시코 월드컵에서 브라질은 월드컵 역사상 최강의 공격력을 과시했다. 펠레와 리벨리노 자이르징요가 이끄는 삼각 편대는 상대팀의 수비 진영을 마구 흔들어 놓으며 월드컵 사상 한 팀 최다골인 19골(7실)을 폭발시켰다. 브라질은 결승전에서 이탈리아를 4대1로 꺾고 월드컵 3번째 우승을 차지해 줄리메 컵을 영원히 보유하게 되었다.

브라질이 처음 선보인 4-2-4 전형은 이후 4-3-3, 4-4-2의 형태로 변화되었다. 브라질은 1994년 미국 월드컵과 2002한일 월드컵에서 우승을 차지해 가장 먼저 월드컵을 5번 우승한 명실공이 '축구의 나라'가 되었다.

그러나 2014 브라질 월드컵 준결승전에서 독일에게 월드컵 준결승 사상 최다 골차(1대7)로 참패를 당해 '축구의 나라'에 결정적인 오점(汚點)을 남겼다.

빗장 수비, 카테나치오(catenaccio)

'축구는 모든 것이 월드컵으로 통한다'는 것을 전제로 이탈리아 축구의 상징 카테나치오(빗장수비)는 두 번의 월드컵을 제패한 실용적인 전술이라고 할 수 있다.

그동안 이탈리아 축구는 4차례 월드컵을 제패했었다.

1934년 1938년 2, 3회 월드컵을 2연패 했고, 1982년 스페인 월드컵과 2006년 독일월드컵까지 석권했다.

그런데 1934년과 1938년 이탈리아 우승은 홈그라운드 이점과 빅토리오 포치오 감독의 뛰어난 용병술에 힘입은 바크다.

당시 파시스트 치하에 있었던 이탈리아는 1934년 이탈리아 월드컵에서 우승을 차지하기 위해 모든 행정력을 동원해 남미로 이민을 떠난 선수들까지 불러 모았다.

당시 가장 뛰어난 윙이었던 아르헨티나 국가대표 팀의 오로시, 1930년 1회 우루과이 월드컵 때 아르헨티나의 센터하프를 맡아 봤던 몬티, 구와이타 등이 이탈리아 유니폼으로 바꿔 입었다.

무솔리니에 의해 이탈리아 축구협회장이 된 바카로 장군은 "이번 월드컵의 목적은 파시즘 스포츠의 위대함을 보여주는데 있다"며 노골적으로 월드컵을 파시스트 선전장으로 전락시켰다.

결국 이탈리아는 1938년 2회 월드컵을 제패했다. 이탈리아 월드컵은 독재자 무솔리니가 이탈리아 주장 콤비 선수에게 줄리메 컵을 수여함으로서 소기의 목적(월드컵을 정치에 이용)을 달성했다.

1938년 3회 프랑스 월드컵에서 이탈리아는 지난 대회 우승 감독이 포치오 감독과 불세출의 공격수 피올라 선수를 내세워 월드컵 2연패에 성공했다.

이탈리아는 헝가리와의 결승전에서 피올라 선수의 2골 등에 힘입어 4대2로 이겼고, 피올라는 5골을 기록하는 등 절정의 골 감각을 보여주었다.

이탈리아의 1930년대 월드컵 2연패가 월드컵을 이용해서 파시즘을 선전하는 등 다소 무리한 측면이 있었다면, 이탈리아의 1982년 스페인 대회, 2006년 독일 대회 우승은 실력에 의한 순리였다. 특히 1982년 스페인 대회 우승은 힘을 잃어가던 카테나치오 수비가 빛을 발휘한 대회였다.

스페인 대회에서 이탈리아는 1978 아르헨티나 월드컵 때 신인상을 받은 안토니오 카브리니가 세계최고의 리베로 인정을 받고 있는 가에타노 시레아와 함께 카테나치오 수비를 이끌었다.

카브리니는 풀백을 맡아 강력한 수비력을 바탕으로 수비로 오버래핑을 해서 정확한 크로스와 슈팅으로 공격에도 힘을 실어주었다.

그리고 냉철한 판단력을 갖고 있는 리베로 가에타노 시레아는 풀비오 콜로바티, 클라우디오 젠틸레, 쥐세페 베르고미와 함께 디노 조프 골키퍼를 철저하게 보호하면서 철벽수비를 자랑했었다.

카테나치오 시스템은 자기 팀의 골키퍼와 수비(스리백 또는 포백) 사이에 자유롭게 활동할 수 있는 수비수를 한 명 둬서 그가 전체적인 공간을 커버하도록 하는 것이다. 따라서 강력한 수비력이 형성되는 것이다. 특히 이탈리아의 카테나치오는 중앙의 리베로와 스토퍼를 바탕으로 오른쪽 수비는 스토퍼에 가깝고 왼쪽 수비는 윙백으로 적극적인 오버래핑을 하는 형태였다.

그러니까 4명의 수비수 중 리베로는 자유롭게 활동하며 다른 수비수를 돕고 중앙의 다른 1명의 수비수와 오른쪽 수비수는 스토퍼가 된다. 그리고 왼쪽 수비수는 적극적으로 공격에 가담하게 된다. 또한 수비진영 앞의 미드필더는 3명이 배치된다.

3명이 미드필더는 수비형 미드필더와 중앙 미드필더, 그리고 플레이메이커로 구성된다. 오른쪽 사이드의 공격은 오른쪽 윙 포워드에 가까운 선수가 전반적으로 커버하게 된다. 그리고 2명의 공격수 중 1명은 전형적은 공격수가 되고 다른 한명은 쉐도우 스트라이커 활동하게 된다.

앞서 언급한 1982년 스페인 월드컵 때 이탈리아 팀을 알아보면, 골키퍼 디노 조프를 시작으로 가에타노 시레아가 리베로, 풀비오 콜로바티는 중앙의 스토퍼, 클라우디오 젠틸레는 오른쪽 수비로 스토퍼와 비슷한 역할을 수행하고 왼쪽에서는 안토니오 카브리니가 적극적으로 공격에 가담을 했었다. 중앙에서는 가브리엘레 오리알리가 수비형 미드필더, 마르코 타르델리가 중앙 미드필더, 지안카를로 안토뇨니가 플레이메이커 롤을 수행했었다. 오른쪽 사이드는 브루노 콘티가 전후좌우로 폭넓게 움직였고. 스트라이커로 파올로 로씨가 뛰었고 세컨 스트라이커인 프란체스코 그라지아니가 좌측 돌파를 맡았었다.

스페인 월드컵에서는 득점왕을 차지한 파울로 로시가 엄청난 공격력을 보여주었다.

파울로 로시는 승부조작으로 인해 3년간 출전정지에서 풀려 스페인 월드컵에 출전했는데, 브라질과의 경기에서 해트트릭을 기록하는 등 득점왕, 최우수선수 이탈리아 우승 등 3가지 큰일을 해냈다.

카테나치오 시스템은 브라질의 공격적인 축구 4-2-4에 대항해서 만들어졌다고 해도 크게 틀린 것은 아니다.

스페인의 FC 바르셀로나 팀을 맡다가 이탈리아 인터 밀란으로 팀을 옮긴 엘레니오 에레나 감독은 기량이 뛰어나고 폭발적인 스피드를 갖고 있는 세계적인 공격수들을 1대1 대인방어로 막기가 어렵다고 보고, 어떤 경우든지 2대1의 수적 우위를 보이려면 리베로 제도를 도입해서 최후방 포백 라인 뒤에 포진시키도록 했다.

리베로(Libero)는 이탈리아어로 자유인이라는 뜻이다.

에레라 감독은 브라질의 4-2-4의 4명의 공격수를 막기 위해 4명의 수비수에게 1대1 대인마크를 하도록 하면서 그 뒤에 리베로 1명을 세워 항상 2대1 수적인 우위를 보이도록 한 것이다.

따라서 1대 1대인 마크가 뚫리더라도 리베로가 커버에 들어가서 수비를 성공시키도록 한 것이다.

카테나치오는 전형 상 1-4-2-3(또는 5-3-2)같은 형태를 나타내게 된다. 그 같은 전술을 이탈리아어로 빗장으로 골 문 앞을 걸어 잠근다는 뜻의 카테나치오로 불리게 된 것이다. 에레라 감독은 카테나치오 전술로 1963~1964, 1964~1965년 두 시즌 연속 유럽축구 챔피언스 리그를 제패했다.

이탈리아 축구 대표 팀에도 카테나치오 시스템을 도입해 1968년 유럽 컵을 제패해, 그 무렵부터 카테나치오는 이탈리아 축구를 상징하는 시스템이 되었다.

한편 세계축구가 4-2-4에서 미드필더 3명을 두는 4-3-3으로 흐름이 바뀌자 카테나치오도 1-4-2-3에서 1-3-3-3으로 바뀌게 된다.

브라질의 공격형 축구형태 4-2-4와 이탈리아의 카테나치오 1-4-2-3이 정면으로 맞부딪친 것은 1970년 멕시코 월드컵 결승전이었다. 그 결승전에서 브라질이 이탈리아를 4대1로 대파하면서 카테나치오는 쇠락의 길을 걷게 되지만, 12년 후인 1982년 스페인 월드컵에서 다시 꽃을 피운 것이다.

한국 축구도 1994년 미국 월드컵에서 카테나치오 시스템을 도입했었다. 홍명보라는 걸출한 선수가 리베로 역할을 맡아 주었기에 가능한 전술이었다. 당시 한국 대표 팀은 세계최강 독일에게도 접전 끝에 2대3으로 패했고, 스페인전에서도 박빙의 경기를 펼쳐 2대2로 비겼는데, 리베로 홍명보는 스페인, 독일 전에 각각 1골씩을 넣어 '리베로의 참맛'을 보여주었다

원수들을 한 방에 재운 비토리오 포치오 감독

이제까지 월드컵 2연패를 했었던 국가는 이탈리아와 브라질 두 나라뿐이다.

이탈리아는 1934년 이탈리아 1938년 프랑스 월드컵을 2연패했었고, 브라질은 1958년 스웨덴, 1962년 칠레 월드컵을 2연패했다. 그러나 월드컵을 2연패 한 유일한 감독은 이탈리아의 비토리노 포치오 감독 한 명뿐이다. 성격이 온화하고 다정다감한 포치오 감독은 이탈리아 축구의 아버지로 불릴 정도로 '축구 이탈리아 시대'의 막을 열게한 주인공이었다.

1934년 이탈리아 월드컵, 이탈리아 축구대표 감독을 맡은 포치오 감독은 국가대표 팀의 주축을 이루고 있는 인터 밀란과 유벤투스 팀 선수들 간의 알력을 완화하지 않으면 좋은 성적을 올릴 수 없다고 보고 발상의 전환을 했다.

두 팀 선수들을 한 명씩 짝을 지어 한방에 집어넣었다. 그러자 선수들 사이에 불만이 터져 나왔다.

"이거 인내력 테스트 하는 거야 뭐야!"

"감독이 돌았나 보군…."

선수들의 불만이 고조되자 포치오 감독이 선수들을 집합시켰다.

"우리는 리그에서는 적이지만 지금은 아주리 군단 아래 하나가 되어야 한다. 이제부터 불만을 토로하는 자는 퇴출이다"라고 말한 뒤 다시 두 팀 선수들은 한방으로 몰아넣었다.

이튿날 포치오 감독은 우습게 생긴 인형 하나를 들고 선수들 방을 차례로 돌며 문틈으로 고개를 살짝 내밀고는 코믹한 말투로 "간밤에 서로 잡아먹지 않은 거지…." 라며 웃기려 했다.

워낙 사이들이 좋지 않아서 밤새 한 마디도 하지 않던 두 팀 선수들은 한바탕 웃고는 금방 친해졌다.

포치오 감독이 이끄는 이탈리아는 이탈리아 월드컵 결승전에서 체코를 연장 접전 끝에 2대1로 물리치고 첫 우승을 차지했다. 그러자 세계 축구계는 이탈리아가 홈그라운드 이점을 안고 우승을 차지한 것이라며 과소평가했다.

포치 감독이 이끄는 이탈리아는 1938년 프랑스 월드컵 결승전에서 당대 최고의 공격력을 자랑하던 헝가리를 4대2로 제압하고 월드컵 2연패에 성공했다.

포치 감독의 월드컵 2연패는 아직까지도 깨지지 않은 불멸의 기록으로 남아있다.

올림픽에서 축구를 끄집어내자

1863년 세계최초로 축구협회(FA)가 출범한 이후 세계 각 국에서는 축구를 도입하고 자국 축구협회를 만들었다.

그때까지만 해도 나라마다 축구규칙이 조금씩 달랐다.

그래서 국가와 국가 간의 국제축구경기를 할 때마다 분 쟁이 생겼다. 자연스럽게 축구를 하는 나라들 간의 분쟁을 조절하는 기구를 만들자는 의견이 여기저기서 나왔다. 그래 서 탄생한 것이 국제축구연맹 즉 FIFA다.

1904년 5월 1일 벨기에의 브뤼셀에서 열린 프랑스와 벨기 에 친선축구경기 이후 벨기에의 루이스 물링 하우스와 프 랑스의 로베르 게렝 대표는 유럽축구기구를 만들기로 합의 했다. 같은 해 5월 21일 프랑스의 로베르 게렝이 프랑스 벨 기에 두 나라 외에 스웨덴, 스페인, 스위스, 덴마크, 네델란 드 등 7개국 축구협회 대표를 파리로 초청했다. 여기서 국 제축구연맹(Federation International de Football Association), 즉 FIFA 가 태동했다. FIFA는 파리 생 오노르 229번지 프랑스체육회 뒤뜰 건물에 자리를 잡았다.

그때 잉글랜드 대표도 초대를 받았으나 잉글랜드 대표는 스코틀랜드, 웨일스, 북아일랜드와 국제평의회를 조직하고 있어서 참석하지 않았다.

국제평의회는 이듬해인 1905년에야 FIFA 회의에 참석했다. 1920년 앤트워프에서 열린 FIFA총회에서 FIFA의 프랑스인 회장 줄리메 씨는 세계 모든 나라들이 출전하는 축구대회를 만들기로 제안하여 합의를 이끌어냈다.

그로부터 4년 후에 파리에서 열린 총회에서는 대회명칭을 '월드컵축구대회'로 정하는 등 대회를 치르기 위해서 더욱 구체적인 얘기들이 오갔다.

1926년 총회에서 프랑스축구협회 들로네 사무총장은 "세계적 규모의 축구대회는 올림픽뿐인데 올림픽은 국제올림픽위원회, 즉 IOC의 주도로 치러지기 때문에 아마추어들만으로 치러진다. 따라서 프로와 아마추어가 모두 출전하는 명실공이 세계최고수준의 축구대회를 만들자"고 주장했다.

들로네는 "축구가 올림픽의 울타리 안에 속해 있기에는 너무 좁다. 우리는 독자적으로 대회를 만들어야 한다"고 거듭 주장했다.

당시 총회 참석자들은 들로네의 열변에 적극적인 지지 의사를 보였고 거의 만장일치로 통과시켰다.

그 때 FIFA 총회에서는 월드컵은 4년에 한 번씩 열고, 올림픽과 겹치지 않도록 올림픽 중간 해에 열기로 하고 1회 대회는 1928년 암스테르담 올림픽과 1932년 LA 올림픽 사이인 1930년에 시작하기로 결정했다. 그래서 월드컵의 아버지가 줄리메라면 월드컵의 어머니는 들로네라는 말을 하는 것이다.

만약 줄리메와 들로네가 없었다면 아마 축구는 지금까지도 올림픽의 둘레에서 벗어나지 못했을지도 모른다.

국제올림픽위원회 즉 IOC가 매우 보수적인 단체이기 때문에 축구가 올림픽의 테두리 밖으로 벗어나서 독자적으로 대회를 만드는 것을 허용하지 않았을 것이 불을 보듯이 뻔했기 때문이다.

오늘날 월드컵은 동, 하계 올림픽을 합한 것 이상으로 엄청난 파워를 자랑하고 있다. 스포츠 마케팅 측면에서도 지구상 최고의 축제라는데 이의를 제기할 사람이 없을 정도다.

아무튼 축구인들은 펠레나 마라도나 혹은 메시를 '축구의 신'으로 추앙할 게 아니라 줄리메와 들로네를 축구의 신으로 인정해서 지구촌의 각 경기장마다 비석이라도 세워놓아야 할 것 같다.

아무튼 1926년 FIFA 총회에서 월드컵을 개최하기로 한 이후 3년이 지난 1929년 스페인 바르셀로나에서 열린 FIFA 총회에서는 제1회 월드컵 대회개최지를 결정하기로 했다.

유럽의 이탈리아, 네덜란드, 스웨덴, 스페인과 남미의 우루과이가 치열하게 유치경쟁을 벌였다.

각 나라마다 나름대로 자기나라 개최의 정당성을 피력했으나 우루과이가 가장 설득력이 있었다.

우루과이는 1924년 파리 올림픽, 1928년 암스테르담 올림픽 축구종목에서 잇따라 금메달을 획득해 세계최강으로 군림하고 있었고, 1930년이 마침 우루과이 독립 100주년이 되는 해였다.

아르헨티나와 브라질은 1825년부터 1828년까지 시스플라티나 주의 독립 문제를 놓고 전쟁을 벌였다. 그 전쟁의 결과로 시스플라티나 주가 브라질로부터 독립하고, 1830년 신생국인 우루과이가 건국됐다. 신생 독립국 우루과이는 자신들의 독립을 위해 싸워준 아르헨티나의 은혜에 감사하는 의미에서 자국의 국기를 제작할 때 아르헨티나의 국기에 있는 '5월의 태양'을 동일하게 사용했다.

우루과이는 참가팀들의 여비와 체재비 등을 모두 부담한다는 좋은 조건을 내걸어 유럽 팀들을 설득해 영광스런 1회 대회 개최권을 획득했다.

줄리메는 1회 우루과이 월드컵을 기념해 컵(줄리메 컵)을 만들어 기증했고, 월드컵을 처음으로 세 차례 우승하는 국가에게 줄리메 컵을 영원히 소유할 수 있도록 했다.

1970년 멕시코 월드컵 우승 처음으로 세 차례 월드컵을 제패한 브라질이 영구 보유하고 있는 줄리메 컵은 프랑스 조각가 아벨 라프레르가 조각했다.

라프레르는 1회 우루과이 월드컵이 개최되기 2년 전인 1928년 트로피를 완성시켰다.

줄리메컵은 1.8kg의 금을 가지고 받침대 위에 승리의 여신을 상징하는 날개 달린 여인이 팔각형의 용기를 양손으로 머리 위에 떠받치고 있는 트로피다. 처음부터 줄리메컵이 아니었다. 처음에는 월드컵으로 불리다가 1946년 이후부터 월드컵 탄생을 주도했던 줄리메 씨를 기리기 위해 줄리메 컵이라 불렀다. 줄리메 컵은 어느 나라든지 월드컵을 가장 먼저 3차례 차지하는 나라가 영원히 차지하도록 했다.

브라질이 1958년 스웨덴, 1962년 칠레대회에 이어 1970년 멕시코대회를 제패하면서 가장 먼저 세 차례 우승을 차지하여 영구히 소유하고 있다.

브라질이 세 차례 우승을 차지한 후 이탈리아 독일 등이 3차례 우승을 차지했으나, 브라질에 한발 뒤졌다. 그러나 브라질이 보관하고 있던 줄리메 컵은 1983년 12월 19일 도둑이 훔쳐가 리오의 교외에 있는 비밀공장에서 녹여진 상태로 발견되었다. 그래서 FIFA는 새로운 '줄리메 컵'을 제작했다. 독일인 가이스트와 그의 아들이 새로운 줄리메 컵을 만들었다. 새로운 줄리메 컵은 3.97kg의 순금으로 유리 받침대에 받쳐져 있다. 8개의 순금접시가 컵 받침대 주위를 둘러싸고 있다. 그 컵에는 1930년 우루과이 대회부터 1970년 멕시코대회 우승국까지 이름이 새겨져 있다. 그 컵은 세계 최대축구장인 20만 명을 수용하는 브라질 말라카나 경기장에 이중삼중의 보호 장치 속에 전시되어 있다.

현재 사용하고 있는 월드컵은 이탈리아 조각가 실비오 가니자니의 작품이 53개의 출품작 가운데 뽑혔다.

높이 36cm, 무게 4.97kg에 18캐럿의 보석으로 제작되었다. 등을 맞댄 두 명의 운동선수가 어깨위로 지구를 떠받치고 있는 모습이다. 당시 제작비만 시가 23만 달러였다.

이 월드컵의 공식 명칭은 'FIFA 월드컵'으로 트로피 받침대에 1970년 멕시코 월드컵 이후 1974년부터 2038년까지 17개 대회 우승국을 새겨 넣을 수 있다.

'FIFA월드컵'은 줄리메 컵과는 달리 한 국가가 세 차례 우승을 차지해도 영원히 주어지지 않는다.

우승을 차지하면 진품 월드컵을 4년간 보존할 뿐이다. 그리고 4년 후 조 추첨식 때 역시 차기대회 개최국에서 FIFA에 반환되고 대회 우승국은 금으로 도색된 복제품을 받게 된다.

월드컵 본선에는 월드컵 외에도 많은 단체 개인상들이

있다. 월드컵 우승팀 선수 23명과 그 밖의 선수단 32명(감독, 코치 등)에게는 월드컵 금메달을 수여한다. 2위 32명에게는 은메달 3위와 4위 팀에게는 동메달이 주어진다. 그리고 32개 본선에 오른 팀 단장에게는 기념패를 준다.

최우수 선수에게는 골든볼, 득점왕에게는 골든슈가 주어진다. 그리고 최우수 골키퍼에게는 2006년 독일 월드컵까지는 레프 야신상이 주어지다가 2010년 남아공 월드컵부터는 골든글러브상이 주어지고 있다. 그밖에 '피파 페어플레이 트로피' '베스트 11상' '인기팀 상'이 있다. 또한 21세 이하의 선수에게만 주어지는 '최우수 신인선수상'이 있다.

배구와 배드민턴의 랠리포인트 시스템

지난 2010년 대학배구 '왕중왕'을 가리는 삼성애니카 전국 대학배구 최강전에서 색다른 경기방식이 시도된 적이 있다.

바로 '부분 사이드아웃 제'의 도입이다.

한 세트 25점 제도에서 23점까지는 현행 랠리포인트제에 따라 점수가 올라가지만, 23점부터는 사이드아웃제가 적용돼 서브권을 가진 상태에서 공격을 성공시켜야만 점수가 올라가는 방식이다.

그럴 경우 23점에 먼저 오른 팀은 서브권을 가지고 연속 두 번의 공격을 성공시켜야 세트를 따낼 수 있는 반면, 추격하는 팀은 랠리포인트로 점수가 계속 올라가 역전까지도 넘볼 수 있게 된다.

그 같은 변형 룰을 도입한 것은 추격의 묘미와 역전의 재미를 가미해 팬들의 흥미를 배가시키기 위해서다.

그렇게 되면 종전에는 거의 역전이 불가능했던 23대17이나, 23대18의 점수에서도 추격이 가능해지는 등 막판 한 점 싸움이 치열해지게 된다. 23점을 먼저 선점한 팀은 서브권을 빼앗아 온 다음에 이겨야 한 점을 달아날 수 있는 반면, 17이나 18점밖에 얻지 못했던 팀은 랠리포인트 시스템에 의해 점수가 계속 올라가서 순식간에 23점까지 따라 붙을 수 있기 때문이다.

배구에 지금의 랠리포인트 시스템을 도입한 것은 1999년 9월 7~8일 스위스 로잔에서 열린 FIVB 즉 국제배구연맹 경기규칙위원회에서 새롭게 경기방법과 규칙이 개정되어서 2000년 1월 1일부터 공식적으로 세계 및 국제대회와 모든 국내대회에서 의무적으로 적용되기 시작했다.

종전 '사이드아웃 제도'는 서브권을 얻는 팀이 이길 때만 점수가 주어졌다. 따라서 매 세트 경기 시간이 길어졌고, 전체 경기 시간도 예측하기 어려워서 'TV 중계'시간을 잡기가 어려웠다.

배구는 1964년 도쿄 올림픽을 개최한 일본이 올림픽 정식종목에 포함시키면서 세계적으로 더욱 많은 경기 인구를 갖게 되었다.

그러나 사이드아웃 제는 서브권을 얻은 팀이 이겨야만 점수가 올라가기 때문에 박진감이 떨어졌고, 경기 시간도 2시간을 넘기는 경우가 많았다. 급기야 국제올림픽위원회 즉 IOC에서 국제배구연맹(FIVB)에 경기시간을 줄일 수 있는 획기적인 방법을 모색해 보라는 권고를 받기에 이르렀다.

국제배구연맹은 배구의 본질 즉 서브, 리시브, 스파이크 등은 그대로 유지하면서 포인트 올리는 방법을 변경시키자는 쪽으로 연구가 이뤄졌고, 결국 모든 행위에 점수가 주어지는 랠리포인트제가 도입되기에 이른 것이다.

랠리포인트 시스템은 서브권을 얻은 팀이나 상대 팀이나 모든 결과에 점수가 주어지기 때문에 25점을 이겨야 한 세트를 따내지만 비록 5세트까지 가더라도 2시간을 넘지 않는다. 더구나 마지막 5세트는 15점제이기 때문에 시간은 더욱 단축된다. 그러나 랠리시스템 도입으로 역전의 기회가 줄어들었다.

사이드아웃 제에서는 두 팀 모두 서비스를 넣은 팀이 이겨야 점수를 얻을 수 있기 때문에 한 점을 올리기가 매우 어려웠다. 그래서 점수 차가 많이 벌어져도 뒤지고 있는 팀이 역전을 하는 경우가 비일비재했다.

비록 20대10 또는 18대7 등으로 10점 이상 뒤지고 있다가도 역전이 되는 경우가 많았는데, 랠리포인트 시스템 하에서는 4~5점만 벌어져도 그 세트를 따라잡기 어려워서 진 팀이 포기하고 다음 세트를 노리는 경우가 많아지고 있다.

그밖에 배구의 룰을 알아보면, 매 세트 간 모든 휴식시간은 3분으로 정해졌다. 그러나 2, 3세트 사이의 휴식시간은 조직위원회의 요청에 따라 권한을 가진 기구가 10분까지 연장할 수 있다. 타임아웃은 보통 경기에서 30초 동안 이루어지며, 각 팀은 세트 당 2번의 타임아웃을 갖는다.

FIVB 및 세계 공식경기에서 모든 타임아웃은 60초 동안 이루어지고, 마지막 5세트에서는 30초간이다. 1~4세트에서 각 팀은 단 한 번의 타임아웃을 부를 수 있으며, 점수가 앞선 팀이 8점과 16점일 때 2번의 테크니컬 타임아웃(TTO)이 주어진다. 5세트에서 각 팀은 2회 30초 동안 타임아웃을 할 수 있으며, 테크니컬 타임아웃은 없다.

또한 리베로 선수에 대한 규칙도 랠리포인트 시스템이 도입될 때 이뤄졌다.

각 팀은 12명의 최종 선수명단에 1명의 수비전문선수 리베로 등록을 선택적으로 할 수 있다. 리베로 선수는 후위지역 선수로만 경기할 수 있도록 제한된다. 리베로는 팀 내 다른 선수들과 구별되는 색상이나 다르게 디자인한 셔츠를 입어야 한다.

배구에 이어 배드민턴에도 랠리포인트 시스템이 도입되었다. 국제배드민턴연맹은 2006년 5월 6일 일본 도쿄에서 있었던 국제연맹 정기총회에서 '서브권이 없어도 득점'할 수 있는 '랠리포인트제'로 배드민턴 경기규정을 변경했다. 배드민턴이 랠리포인트 시스템을 도입한 이유는 살아남기 위해서였다.

종전의 사이드아웃 규정에 비해 '랠리포인트제'가 더욱 박진감 넘치고, 관중 및 선수 자신에게 더욱 흥미를 주며 TV중계 및 신세대에 친화적이라고 판단한 것이다.

배드민턴의 랠리포인트제는 21점을 먼저 따면 한 세트를 빼앗고, 먼저 두 세트를 이기면 그 경기에서 승리를 하게 된다.

또한 매 세트 20대20 동점일 경우 먼저 두 점이 나야 그 세트를 가져갈 수 있다. 그러니까 21대20이면 한 점을 더 따서 22대20이 되어야 한다. 그러니까 23대21, 25대23 29대27 등의 두 점 차이가 나야 그 세트를 따내는 것이다. 그러나 무한정 두 점 차이를 낼 수 없기 때문에 30점을 먼저 도달하는 선수에게 그 세트가 주어진다. 29대29 동점일 경우 한 점을 먼저 나서 30대29로 이기게 되는 것이다.

한쪽 팔을 잃고도 포기하지 않은 사격선수

"내겐 아직 왼손이 남아 있다. 오른손이 했는데 왼손이 못할 이유가 없다."

세계적인 사격선수 헝가리의 카로리 타카스가 남긴 스포츠계의 명언이다.

카로리 타카스는 속사권총에서 올림픽 2연패에 성공한 속사 권총의 달인이었다. 그러나 카로리 타카스는 외팔이 명사수였다.

속사권총은 22LR 탄환을 사용하는 권총으로 5개의 표적을 정해진 시간(8초, 6초, 4초) 안에 사격한다.

그것을 4회 반복하여 총 60발을 사격한다. 올림픽에서는 남자종목만 치러진다. 과거에는 22short 탄환을 사용하였으나 현재는 규정이 변경되었다.

그는 1910년 헝가리 부다페스트에서 태어났다.

어릴 때 권총을 가지고 노는 것을 좋아해서 주위에서도 사격선수가 될 것이라는 얘기를 많이 들었고, 자신도 사격선수가 꿈이었고, 사격선수로 올림픽에서 금메달을 따는 것을 인생의 최종목표로 삼았다.

워낙 어려서부터 총을 만졌기 때문에 19살 때 이미 헝가리 국가대표가 되었다. 이후 10여 년 동안 유럽 사격선수권대회 등에서 헝가리 국가대표로 활약을 했지만 한 번도 우승을 차지하지 못했다.

국내대회나 국가대표 선발전에서는 펄펄 날다가도 이상하게 국제대회만 나가면 자신의 실력을 다 발휘하지 못했다. 그래서 한 때 "나는 국내용 선수인가?"라는 생각에 크게 좌절하기도 했다.

그런데 설상가상으로 사격 선수가 팔을 잃어버리는 엄청난 사고를 당했다. 28살이 되던 1938년 군에서 훈련을 받다가 수류탄이 폭발하는 바람에 자신의 생명과도 같았던 오른팔을 잃어버리고 만 것이다. 사실 사격선수가 팔을 잃는다는 것은 사형선고나 마찬가지였다. 그러나 카로리 타카스는 실망하지 않았다. 사격선수로 목숨보다 귀한 오른팔이 없어졌지만 왼팔로 도전해보기로 한 것이다. 그가 왼팔로 사격을 시작하자 주위에서는 누구랄 것도 없이 말렸다.

"카로리 타카스! 오른팔로도 국제대회에서 한 번도 입상하지 못했는데, 왼팔로는 더 어렵지 않겠니?"

"사격선수는 밸런스를 유지하는 게 생명인데, 한쪽 팔로 균형을 제대로 잡을 수 있겠어?"

"이제는 은퇴를 하고 코치로 나서는 게 어때? 네가 사격 선수로 성공하지 못한 경험을 들려주면, 후배들에게는 오히려 교훈이 될 거야."

물론 사격 선수에게 손은 생명과 같다. 마치 육상 선수가 다리를, 농구 선수가 팔을 잃은 것과 같은 것이다. 그러나 그는 냉정했고, 이성적이었다. 이가 없으면 잇몸으로 대신할 수 있다는 교훈을 기억하고 있었다.

비록 오른손은 잃었지만 아직 왼손이 남아 있다는 사실을 깨달은 타카스는 다시 권총을 잡았다. 타카스는 그동안 오른손이 했는데 왼손이 못할 이유가 없다. 충분히 해낼 수 있다며 의지와 의욕의 문제라고 자기 자신을 다그쳤다. 그는 오른손을 잃기 전보다 더욱 열심히 훈련을 했다. 처음에는 왼손으로 사대에 서자 어색했다. 마치 사격을 새로 시작하는 기분이었다. 아무래도 왼손이 오른손보다 익숙하지 않았다 또한, 한쪽 팔이 없기 때문에 몸의 균형 잡기도 힘들었다. 그러나 타카스가 왼손으로 오른손만큼 정확하고 빠르게 총을 쏘기까지 1년여 밖에 걸리지 않았다.

그는 1939년 루선에서 열린 세계 사격선수권 대회 속사권총에서 당당히 우승을 차지했다.

우승컵을 받아드는 순간 그의 머리에 수많은 생각들이 주마등처럼 스쳤다. 포기하기 위해 수많은 핑계를 만들어

내기도 했고, 실제 보름가량 사격을 포기하고 지방으로 여행을 다녀오기도 했다.

우여곡절 끝에 차지한 그의 우승은 자신과의 싸움에서 승리한 것이요, 인간의 능력이 무한함을 증명한 것이기도 했다. 타카스는 세계선수권대회 우승에 만족하지 않았다.

어릴 적부터 꿈이었던 올림픽 금메달에 목표를 두고 더욱 강한 훈련을 계속했다. 이후 10년의 세월이 또 지나갔다.

속사권총은 1896년 1회 아테네 올림픽부터 정식종목으로 채택되었다. 1회 아테네 올림픽 속사권총 종목에는 개최국 그리스에서 2명, 덴마크 선수 1명과 영국 선수 1명 등 모두 4명의 선수가 출전했다. 그리스의 이오아니스 프란구디스 선수가 344점으로 은메달(1회 아테네 올림픽에는 금메달이 없었고 1위 선수에게 은메달을 주었다). 역시 그리스의 게오르기오스 오르파니다스 선수가 249점으로 동메달을 가져갔다. 그리고 덴마크의 올게스 루이스닐센이 244점, 영국의 시드니 멀린이 각각 그 뒤를 이었다.

그리고 1948년 런던 올림픽에서 타카스는 헝가리 국가대표로 런던 올림픽에 출전해서 580점을 쏴서 당당히 금메달을 차지했다. 은메달을 차지한 아르헨티나 바렌타(571) 선수보다 무려 9점이나 많았다.

타카스가 금메달을 따내자 영국언론은 물론 세계의 언론

들이 난리가 났다.

"헝가리의 외팔이 사격선수가 올림픽 사격에서 처음으로 금메달을 획득했다."

"외팔로 금메달을 잡은 헝가리 타카스"

"런던 올림픽의 영웅은 무조건 헝가리 타카스"

타카스의 올림픽 금메달은 일회성에 그치지 않았다. 4년 후에 벌어진 1952년 헬싱키 올림픽, 타카스의 나이 42살, 그는 또 속사권총에서 금메달을 차지했다. 이번에는 런던 올림픽보다 1점이 적은 579점이었지만 후배 선수 문(578점, 헝가리)보다 1점 높아 올림픽 2연패에 성공했다.

루 부드로 감독과 '윌리엄스시프트'

2009년 9월 11일, 메이저리그의 큰 별이 하나 떨어졌다.

미국 프로야구 클리블랜드 인디언스의 감독 겸 선수로 활약하며 1948년 월드시리즈 우승을 이끌었던 루 부드로 씨가 당뇨에 의한 합병증으로 84세를 일기로 숨을 거두었다.

루브로 씨는 1942~1950년 클리블랜드 감독 겸 유격수와 3번 타자로 활약해 1948년 팀의 월드시리즈 우승을 이끌었다. 감독 겸 선수로 활약을 하면서 우승을 차지했던 1948년, 타율 0.355와 18홈런, 106타점을 기록하며 아메리칸리그 최우수선수(MVP)에 올랐고, 1970년 명예의 전당에 이름을 올렸다.

루 부드로는 클리블랜드 인디언스 팀에서는 그가 달던 5번을 영구결번으로 지정할 정도로 역대 최고의 선수 가운데 한 명이었다.

1901년에 창단된 클리블랜드는 원래 이름이 클리블랜드 스파이더스였으나, 인디언 출신의 루이스 소칼레식스를 기리기 위해 1915년부터 클리블랜드 인디언스로 불리기 시작했다.

클리블랜드 인디언스팀은 통산 월드시리즈에 5번 진출, 1920년과 1948년에는 우승을 차지해 100퍼센트 우승확률을 보였지만, 이후 1954, 1995, 1997년에 잇따라 패함으로 우승 확률이 40퍼센트로 떨어졌고, 결국 1948년 루 부드로가 선수 겸 감독으로 월드시리즈 우승을 차지한 것이 팀의 마지막 우승이 되었다.

루 브드로는 24살의 젊디젊은 나이에 감독이 되었고, 1948년에 감독 겸 선수로 월드시리즈 우승을 차지했고, 유격수로 아메리칸리그 최우수선수가 되는 등 메이저리그 역사에 뚜렷한 족적을 남겼다.

그러나 루 부드로가 더욱 깊은 인상을 남긴 것은 야구에서 타자의 성향에 따라 수비 포메이션을 다르게 하는 시프트를 가장 먼저 사용했다는 점이다.

루 브드로가 감독 겸 선수로 활약할 당시 메이저리그에는 역대 최고의 좌타자 가운데 한 명이 테드 윌리엄스가 전성기를 구가하고 있었다.

테드 윌리엄스는 1941년 4할6리를 기록, 메이저리그에서 '마지막 4할 타자'로 남아있는 선수다.

루 부드로 감독은 보스턴 레드삭스와의 경기에서 주자가 없을 때 테드 윌리엄스가 타석에 들어서면 '부드로 시프트' 즉 '테드 윌리엄스 시프트'로 수비 진영을 바꿨다. 윌리엄스가 극단적으로 당겨 치는 강타자이기 때문에 수비 진영을 오른쪽으로 이동시키는 것이다.

부드로 감독은 왼쪽 타자인 테드 윌리엄스를 효과적으로 막기 위해서, 1루수는 파울 라인 쪽으로 약간 이동시키고 2루수는 1루 쪽으로 치우치면서 외야 뒤쪽으로 조금 물러나게 했다. 그리고 유격수는 2루 베이스 뒤에서 2루수와 2루 베이스 사이를 커버하도록 했고, 3루수는 왼쪽으로 이동해서 2~3루 사이를 커버하도록 했다.

외야수들도 마찬가지로 좌익수는 약간 오른쪽으로 이동시키고 중견수와 우익수는 오른쪽으로 많이 이동시켰다. 그러니까 테드 윌리엄스가 루 부드로 시프트를 피해서 당겨서 치지 않고 밀어 치면 안타가 나올 확률이 매우 높아지는 것이다.

루 브드로 감독이 테드 윌리엄스 시프트를 시도하게 된 것은 1946년 클리블랜드 인디언스와 보스턴 레드삭스의 더블헤더 경기였다.

당시 윌리엄스는 더블헤더 1차전에서 혼자서 3개의 홈런에 8타점을 퍼부어 보스턴 레드삭스의 대승을 이끌었다. 그러자 루 브드로 감독은 더블헤더 2차전에서 모든 타석에서 당겨치기만 하는 윌리엄스를 상대로 좌익수만 그 자리에 남겨 놓고 모든 수비수들을 오른쪽으로 배치하는 소위 말하는 '루 브드로 시프트'로 대비를 한 것이다. 그러나 윌리엄스는 루브로 시프트에도 개의치 않고 거의 모든 타석에서 당겨치기만을 고집했다.

윌리엄스는 보스턴 레드삭스 한 팀에서만 19년 동안 활약하면서 통산 3할 4푼 4리(521홈런)를 기록했다. 만약 윌리엄스가 당겨치기만 하지 않고 간혹 밀어 쳤다면 타율이 더 좋았을 것이다. 그러나 윌리엄스는 '강렬한 힙 턴'으로 당겨치기만을 했다.

윌리엄스는 메이저리그 가운데 '전쟁영웅'으로도 불린다.

윌리엄스는 1953년 한국 6.25전쟁에 전투기 조종사로 참전했다. 취사병이나 위생병 등의 보조 전투요원이 아니었다. 대위 계급장을 달고 평양까지 비행기를 직접 몰고 목표물을 폭파시킨 뒤 돌아오다가 북한군이 쏜 대공포에 비행기 날개가 맞아서 동체 착륙을 해서 구사일생으로 살아나기도 했고, 한국전쟁에 참전하기 전, 1943(~1946년 까지)에는 2차 세계대전에도 참전했다.

만약 윌리엄스가 두 번의 전쟁터에 참가하지 않았다면 메이저리그 역사가 어떻게 달라졌을까? 하는 것이 메이저리그 역사가들의 지금도 아쉬워하는 대목이다.

남자 중의 남자인 윌리엄스는 1960년 9월 28일 자신의 마지막 타석에서 홈런을 치며 유종의 미를 거뒀다.

어쨌든 루 브드로 시프트는 이후 메이저리그에서 단골메뉴가 되었다.

메이저리그 역사를 장식한 왼쪽 강타자들 즉 베리 본즈, 카를로스 델가도, 라파엘 팔메이로, 데이비드 오티스, 제이슨 지암비, 짐 토미, 캔그리피 주니어, 아드리안 곤잘레스 같은 슬러거들의 맞서는 방법으로 대부분의 감독들이 시프트를 사용하고 있다.

오버시프트(Overshift)라고도 불리는 루브로 또는 윌리엄스 시프트는 국내 프로야구에서도 모든 팀들이 하고 있다.

메이저리그나 국내 프로야구나 주로 왼손 슬러거들에게 시프트가 걸리게 마련인데, 과거의 카림 가르시아(롯데) 현재의 이승엽(삼성) 김현수(볼트모어 오리올스) 손아섭(롯데) 등이 시프트의 대상 선수들이다.

최근에는 결승점을 막기 위해서 외야수 3명 가운데 한 명을 내야로 불러들여서 내야수 5명 외야수 2명의 '변형 시프트' 를 사용하는 경우도 종종 있다. 이 경우는 상대 팀의 결승점이 되는 주자가 3루에 있을 때 어차피 외야 플라이가 되면 경기가 끝나기 때문에 타자에게 땅볼을 유도해서 홈송구를 해서 3루 주자의 결승점을 막으려는 것이다.

국내 프로야구에서는 야구 역사상 가장 혁신적인 기이한 시프트가 있었다.

2015년 5월 13일 광주구장. 기아 타이거즈 대 kt위즈 경기에서 기아타이거즈 김기태 감독은 5대5 상황이던 9회 초 1사 2·3루에서 왼손투수 심동섭이 던질 때 3루수 이범호에게 포수 이홍구 뒤로 이동하라고 지시했다.

kt위즈의 하준호 타석 때 고의볼넷 사인을 냈는데, 심동섭 투수가 고의 사구를 던지다가 폭투가 나올 경우를 대비한 것이다. 그야말로 만약의 경우를 대비한 것이다. 그러나 강광회 주심은 "인플레이 상황에서 포수를 제외한 모든 야수는 페어지역에 위치해야 한다.(야구규칙 4.03)"며 이범호를 제자리로 돌려보냈다.

포수 뒤의 이범호의 위치는 파울 지역이었다. 김기태 감독은 심판진에 가볍게 어필을 했지만 극단적인 수비 시프트 시도를 포기했다. 이범호 본인도 곧바로 3루 수비 위치로 돌아갔다.

김 감독은 경기 후에 폭투 대비한 극단적인 시프트를 시도한 것에 대해 "내가 착각했다. 실수했다. 인플레이가 맞다. 하지만 고의 4구에서 폭투가 나오면 인플레이 상황이 아니기 때문에 수비를 뒤에 놓아도 된다고 생각했다며 심판진에게 내가 착각을 했다고 설명을 했다. 공부가 부족했다. 팬들에게 죄송하다."고 사과를 했다.

다음날 메이저리그 공식 홈 페이지 MLB.com은 "3루수가 포수 뒤에 위치하면서 내야에 거대한 틈을 만드는 것이 팀에 어떤 도움을 줄지 의문이다. 기아 타이거즈 팀의 전략을 이해하기 어렵다. 수비수를 파울 지역에 두면서 상대타자가 크리켓을 하고 있다는 착각을 빠지게 하려는 의도였는지도 모르겠다."고 비꼬았다.

오버시프트를 깨는 방법은 수비수가 비어 있는 3루나 좌익수 쪽으로 공을 굴리거나 치는 방법으로 그다지 어렵지 않다.

메이저리그나 국내 프로야구에서 간혹 상대 팀이 시프트를 걸자 수비가 없는 3루 쪽으로 번트를 대 상대의 허를 찌르거나 가볍게 밀어 쳐서 안타를 때리곤 한다.

그러나 대부분의 강타자들은 상대 팀이 오버시프트를 건다고 해도 대응하지 않고 평소대로 무심타법을 구사한다.

그들은 대부분 오버시프트를 평소보다 더 강하게 공을 때리라는 일종의 도전으로 받아들인다. 그러나 오버시프트는 주자가 있으면 무용지물(無用之物)이 된다. 주자의 도루를 견제해야 하기 때문이다. 간혹 느린 거북이 주자가 1루에 있을 때 시도하는 팀도 있지만 대부분 주자가 있을 때는 걸지 않는 게 원칙이다.

평생을 당기다가 딱 한번 밀친 송대남

송대남 선수는 2004년 아테네 올림픽 때는 73kg급에서 권영우 선수에게 밀려 출전권을 놓쳤었고, 2008년 베이징 올림픽은 81kg급으로 올렸지만 이번에는 김재범 선수에게 밀려서 나가지 못했다.

2012년 런던 올림픽 때는 당시 나이 34살이었기 때문에 90kg급으로 올려서 마지막 도전에 나섰다.

송대남 선수는 체중을 불리기 위해서 한 끼에 스테이크 13장 먹는 것은 기본이고, 하루에 2만 칼로리 이상을 섭취한 끝에 런던 올림픽 때 90kg급 선수로 출전할 수 있었다.

송대남 선수는 90kg 선수 치고는 키가 매우 작았다.

90kg 급 선수는 대부분 1m 80cm가 넘고, 체격이 큰 선수는 1m 90cm에 육박하는 선수도 있었는데, 그의 키는 겨우 1m 78cm이었다. 그래서 낮은 자세 때문에 자신의 주 무기인 살인적인 업어치기가 오히려 더욱 위력을 발휘할 수 있었다. 업어치기는 한팔 업어치기, 양손 업어치기, 소매 잡아 업어치기 그리고 말아 잡아 업어치기 등 4종류가 있는데,

송대남 선수는 양팔, 소매 잡아, 말아 잡아 업어치기 등 3종류의 업어치기를 자유자재로 구사했다.

송대남은 첫 경기인 32강전에서 우루과이 후안 로메로에 업어치기 유효에 이어 누르기 한판으로 이겼다. 아제르바이잔의 엘칸 망가도르와의 16강전에서는 업어치기 절반과 유효로 우세승을 이겼고, 브라질 지아코 카멜라와 준결승전에서는 업어치기 절반으로 제압하고 결승전에 올랐다. 그야말로 모든 경기를 업어치기로 이긴 '업어치기의 향연'이었다.

상대하는 선수들은 오랫동안 국제무대에서 활약을 해 온 송대남 선수의 주 무기가 업어치기이고, 거의 모든 경기를 업어치기로 이긴다는 것을 알고도 당할 수밖에 없었다.

송대남 선수는 쿠바의 아슬레이 곤살레스와 결승전을 가졌는데, 두 선수 모두 업어치기가 주특기였기 때문에 시종일관 무게중심을 뒤로 두는, 그러니까 엉덩이를 뒤로 빼는 경기를 벌인 끝에 두 선수 모두 정규시간 5분 동안 지도 한 개씩 받으며 연장전에 돌입했다.

유도는 연장전에서는 유효건 절반이건 먼저 점수를 따면 거기서 끝이 나는 '골든 점수제'를 도입하고 있다. 당시 송대남을 지도했던 정훈 코치는 경기에 지장을 줄 정도로 소리를 질러서 퇴장을 당해 송 선수 혼자서 모든 것을 판단을 해야 했다.

송대남 선수는 "내가 이제까지 모든 국제 대회뿐만 아니라 이번 런던 올림픽에서도 당기기 기술인 업어치기 일변도였기 때문에 곤살레스가 연장전에서도 무게 중심을 뒤로 둘 것이 틀림없다. 연장전이 시작 하자마자 업어치기 하는 척 하면서 밀어치는 기술을 구사해 보자"는 발상의 전환을 했다.

결국 송대남은 연장전에 돌입하자마자 국제대회 출전 사상 처음으로 밀어치기 기술인 안 뒤축 걸어 밀어치기 기술로 곤살레스에게 절반을 얻어내 금메달을 따냈다.

송대남은 "당기는 기술인 업어치기를 하다가 미는 기술인 안 뒤축 걸어 밀어치기를 한 것은 신의 한수였다."고 회고하고 있다.

투수 놀려주다 건진 컷 패스트 볼

컷 패스트볼, 즉 커터는 패스트볼과 슬라이더의 중간이라고 보면 된다. 그러니까 패스트볼보다는 빠르고, 슬라이더보다는 휘는 각도가 작다. 타자 입장에서 보면 투수가 던진 공이 빠르게 날아오다가 몸 앞에서 갑자기 작게 꺾이니까 '스윗스팟'에 맞추기가 어렵다.

오른손 투수가 오른손 타자를 향해 커터를 던지면 바깥쪽으로 약간 휘어나간다. 반대로 오른손 투수가 왼손 타자에게 커터를 던지면 타자 몸 쪽으로 꺾인다. 커터는 꺾이는 폭이 작지만 타자가 스윙을 시작할 때 공의 방향이 바뀌기 때문에 배트 중심에 맞추기가 어렵다. 그래서 배트가 많이 부러진다.

사실 커터는 20세기 초반의 투수들도 던졌을 것으로 짐작된다. 그러니까 1900년대 초반 메이저리그 투수들이 자신이 던지는 공이 커터인 줄도 모르고 던졌을 가능성이 크다. 하지만 커터라는 이름이 등장한 것은 1980년대 초반이었다.

그러나 역대 급 커터를 던졌던 투수는 2013년 시즌을 끝으로 은퇴한 마리아노 리베라다. 2013년 리베라가 생애 마지막 경기를 치르던 홈팀들은 저마다 선물을 하나씩 준비했었다. 그 선물들 가운데 미네소타 트윈스 팀이 마리아노 리베라와의 마지막 경기에서 준 선물이 가장 기발했다.

부러진 배트로 만든 흔들의자를 선물했다. 리베라가 던진 커터를 치다가 배트가 많이 부러지는 것을 감안해서 그런 의미 있는 선물을 한 것이다.

리베라가 커터를 던지게 된 것은 우연이었다. 1997년 어느 날 같은 파나마 출신의 '마리로 멘도사' 투수와 함께 캐치볼을 하고 있었다. 마리아노 리베라는 마리로 멘도사를 놀려주기 위해서 그가 잘 잡지 못하도록 공을 평소와 약간 다르게 잡고 던졌다.

그런데 마리로 멘도사가 마리아노 리베라의 공을 잡으려다 보니까 공이 조금씩 옆으로 꺾이는 것이었다. 그래서 마리아노 리베라에게 그 공을 실전에 던지면 좋은 무기가 될 것이라고 말해줬고, 리베라는 그 충고를 흘려듣지 않고 그대로 실천했다.

커터는 투심과 똑같이 잡되 검지손가락을 실밥 위에 올려놓는 것이 아니라 중지에 가깝게 붙여 오른손 투수의 경우 전체적으로 공 중심의 오른쪽을 잡고 공을 놓는 순간 중지에만 힘을 줘서 던진다. 그러니까 슬라이더처럼 팔뚝을 비트는 게 아니라 직구와 똑같은 움직임으로 공을 던지는 것이다.

마리아노 리베라는 19년 동안 652세이브를 기록, 메이저리그 1위를 달리고 있다. 마리아노 리베라의 커터는 꺾이는 폭이 10cm를 넘어 15cm에 다다랐다. 상대 타자들은 마리아노 리베라가 80~90퍼센트 이상 커터를 던지는 것을 알면서도 못 쳤다. 하지만 커터도 약점이 있는데, 만약 꺾이는 폭이 미미하면 장타를 허용하는 단점도 있다.

마리아노 리베라가 은퇴를 한 이후 LA 다저스 마무리 투수 켄리 젠슨, 시카고 컵스의 트레비스 우드, 세인트루이스 카디널스, 아담 웨인라이트 등의 커터가 가장 위력을 발휘하고 있다.

우리나라 투수로는 2015시즌을 끝으로 은퇴한 기아 타이거즈 서재응, 그리고 윤석민 투수의 커터가 좋다.

풍차돌리기 영법으로
다리 절단 위기를 극복한 미카엘 웬든

호주의 남자 수영선수 미카엘 웬든 선수인데, 자유형의 팔 동작을 마치 풍차를 돌리듯이 해서 '풍차 영법'으로 유명했다. 미카엘 웬든의 영법은 그 후 1988년 서울 올림픽 때 재현됐다.

키가 작았던 미국 수영대표 선수 재닛 애번스는 풍차돌리기 영법으로 88서울 올림픽에서 여자 자유형 400m와, 800m 그리고 400m 개인혼영에서 3관왕을 차지한 후 '끊임없는 동작 아가씨'로 불리기 시작했는데, 그 원조가 바로 미카엘 웬든 선수였다. 미카엘 웬든 선수는 원래 축구 선수였다. 그는 8살 때부터 축구를 시작했으며 호주 초등학교에서 가장 축구를 잘하는 소년으로 유명했다. 그런데 14살 때인 1963년에 울타리를 넘다가 다리가 골절되었다. 처음에 의사는 두 다리 모두 절단해야 살 수 있다고 진단을 내렸다. 그러나 후에 다리를 회복시키려면 치료와 함께 보조운동으로 수영을 하라고 권유했다.

미카엘 웬든은 두 다리를 모두 못쓰게 되었기 때문에 팔만을 이용해서 수영을 하다보니까 파워풀한 풍차 영법을 구사하게 되었다. 다친 발을 움직일 수 없으니까 궁여지책으로 풍차영법을 개발하게 된 것이다.

그 후 다리가 회복되고 나서 파워풀한 풍차 영법에 원래 축구를 했기 때문에 다리의 강한 추진력까지 가미하게 되니까 수영 실력이 일취월장하게 되었다.

수영은 대개 처음 물에 처음 들어간 이후 7~8년 정도는 견뎌내야 국가대표가 되고 올림픽에서 좋은 성적을 올리려면 최소한 10년은 더 해야 한다.

그런데 미카엘 웬든은 수영을 시작한지 불과 5년 만인 1968년 멕시코 올림픽에 출전해서 남자 자유형 100m에서 52초02의 세계 신기록으로 금메달을 차지했고, 자유형 200m에서도 1분55초02의 올림픽 신기록으로 금메달을 차지해 2관왕에 올랐다.

투수는 수비수 7명을 믿어야 되지

장호연은 1983년 신인투수로는 처음으로 개막전 완봉승을 올린데 이어 1990년 LG 트윈스와의 개막전 완투승 등을 기록하면서 '개막전의 사나이'라는 별명을 얻었다.

장호연은 개막전 선발로만 1985년부터 1990년까지 6년 연속 등판하는 등 총 9경기에 출전을 해서 6승2패를 남겨 명실상부한 개막전의 사나이로 기억되고 있다.

개막전 다승 2위가 겨우 4승에 그칠 정도로 개막전 6승은 당분간 깨지기 어려운 기록이다. 두산 베어스 더스틴 니퍼트는 2016년 4월 1일 대구 삼성 라이온즈 파크에서 치러진 개막전에서 6회까지 삼성 타선을 6안타 1실점으로 잘 막아 개막전에서만 4승째를 올렸다. 개막전 3위는 3승(1패)을 올리고 있는 삼성 라이온즈 윤성환 투수다.

서울 올림픽이 열리던 1988년, OB 베어스(현 두산 베어스)와 롯데 자이언츠의 부산 개막전에서 장호연 투수가 '노히트 노런'을 기록하여 프로야구 역사에서 가장 의미 있는 개막전 사건으로 알려졌다.

프로야구 원년인 1982년 MBC 청룡의 이종도 선수가 삼성 라이온즈를 상대로 만루 홈런을 빼앗아 승리를 차지한 것과 함께 장호연 선수의 노히트 노런에 진기록이 포함되어 있는 가장 큰 사건이었다.

장호연의 '발상의 전환'이란, "투수는 타자를 힘들게 삼진으로 잡을 필요가 없다"는 것이다. 자신의 뒤에 7명의 보살 같은 수비수 들이 있기 때문에 타자를 맞춰 잡는 게 더 효율적이라는 투수 철학? 아니 생각을 갖고 있다.

투수가 타자를 삼진으로 잡으려면 최소한 3개 많으면 5~6개의 공을 던져야 하는데, 맞춰 잡으면 1개 또는 2~3개만 던지면 되기 때문에 매우 경제적이라는 계산을 하고 있는 것이다. 이게 쌓이고 쌓이면 투구 수에서 엄청난 차이를 보이게 된다는 것이다.

장호연 투수는 크지 않은 체격, 빠르지 않은 구속 그리고 정확한 제구력과 변화구로 타자를 농락하고 있는 유희관 선수와 비슷한 스타일이었다.

그래서 장호연 투수는 초구부터 타자가 좋아하는 코스 부근에 공을 던져서 치게 한다. 그만큼 제구력에 자신이 있기 때문이다. 만약 실투가 나와서 오히려 타자가 좋아하는 코스로 공이 들어가면 장타를 허용하거나 안타를 빼앗기기 때문에 제구력이 매우 중요하다.

그러한 야구 철학 때문인지 장호연 투수는 우리나라 프로야구 사에 길이 기억될 개막전 노히트 노런, 그것도 삼진을 한 개도 빼앗지 않고 노히트 노런 승을 거둔 진기록이자 대기록을 세웠다.

1988년 4월 2일 당시 사직구장 관중은 27,334명의 많은 관중이 들어찼다.

롯데 개막전 선발은 최동원의 그늘에 가려 황제가 될 수 없었던 탓에 '고독한 황태자'란 별명으로 불리던 윤학길이었고, 감독은 어우홍이었다. 당시 OB 베어스 팀의 감독은 충암고 시절 장호연을 지도했던 김성근이었다.

그 경기에서 장호연은 130km 중반을 오르내리는 느린 직구와 다양한 변화구로 롯데 타자 가운데 홍문종, 박영태, 김민호 3명에게만 볼넷 2개와 몸에 맞는 볼 1개로 루상에 내보냈었다.

9이닝 동안 27명의 타자를 상대로 삼진을 단 한 개도 잡지 않고, 100개도 못되는 딱 99개의 공만 던지고 노히트 노런 승을 기록했다.

반면 OB 베어스는 1회 1점, 4회 1점, 7회 2점 등 모두 4점을 나서 4대0으로 이겼다.

1988년 개막전에서 롯데 타자들이 느린 장호연 투수의 공략을 얕보고 타석에 들어서서 "어! 어!" 하다가 노히트 노런

패를 당한 것이라고 볼 수 있다.

또한 장호연 투수는 자신의 투수 철학을 실천해 뒤에 있는 7명의 수비수들을 믿고 맞춰서 잡았다.

올림픽 금메달 위해
정략결혼까지 한 무로후시

해머던지기는 손잡이, 쇠줄 포환, 세 부문으로 되어 있는데, 쇠줄은 1.2m이고 포환의 무게는 남자의 경우 7.26kg 여자는 4kg다.

유럽이 강세를 보이고 있는 육상의 해머던지기 종목에서 일본의 무로후시 부자 이야기는 전설처럼 전해져 내려오고 있다.

아버지 무로후시 시게노부와 아들 무로후시 고지의 대를 이은 아시아 또는 세계제패 때문이다.

아버지 무로후시 시게노부는 일본 육상선수권 해머던지기 12연패, 1970년 방콕 아시안게임부터 1986년 서울아시안게임까지 5연패를 차지한 아시안게임의 사나이였다.

아시안게임 5연패는 모든 종목을 통틀어 최고기록이다. 그런데 무로후시 시게노부는 세계선수권대회나 올림픽에서는 번번이 정상 정복에 실패했다. 그래서 육상에 소질이 있는 유럽여자를 아내로 맞이하면 2세가 자신이 못다 이룬 꿈

즉 해머던지기로 세계를 정복할 수 있지 않을까? 하는 발상을 한 것이다. 그런 생각은 누구나 한 번쯤은 해볼 수는 있다. 그러나 실천에 옮기는 사람은 거의 없다.

그런데 로또를 맞을 확률만큼 그 불확실한 현실이 기가 막히게 맞아 떨어졌다. 무로후시 시게노부는 1968년 유럽주니어 육상선수권대회 여자 창던지기에서 우승을 차지한 루마니아의 세라피나 모리츠와 우여곡절 끝에 결혼에 성공했다. 그리고 아들 무로후시 고지와 딸 무로후시 유카를 낳았다. 그런데 그 아들이 해머던지기에서 아버지보다 더 뛰어난 소질을 보인 것이다.

아들은 일본 육상 선수권 해머던지기 17연패를 해서 아버지의 12연패를 넘어섰다. 그리고 아시안게임에서는 1998년 방콕 2002년 부산 아시안게임에서 금메달을 차지해서 아버지의 5연패와 함께 부자가 아시안게임 7연패의 대 위업을 달성했다. 그리고 무로후시 고지는 2004년 아테네 올림픽 때 일단 은메달을 땄다.

그런데 올림픽이 끝난 후 금메달을 차지한 헝가리의 아드리안 아누시가 약물검사에 걸리는 바람에 무로후시 고지에게 금메달이 돌아왔다.

아버지 무로후시 시게노부는 아들 고지의 경기에는 항상 현장에 따라 다니는데, 아들이 세계정상에 서는 것을 현장에서는 보지 못했다. 금메달을 뒤늦게 전해 받는 바람에 실감이 나지 않은 것이다.

그런데 2011 대구 세계육상 선수권대회에서 그 소원을 이뤘다. 2011 대구 세계육상선수권대회에서 무로후시 고지가 81m 24cm의 기록으로 감격적인 금메달을 차지했다. 딸 무로후시 유카는 원반던지기 선수다.

유카는 일본에서는 국내신기록을 세우며 최고선수이지만, 아시아권에서는 2014 인천아시안게임에서 동메달에 그칠 정도로 세계적인 수준은 아니다. 그래도 부모의 피를 이어받아 훌륭한 투척 선수로 자랐다.

커트 플러드가 자신을 죽이고
얻어 낸 자유계약(FA)제도

1970년 메이저리그 세인트루이스 카디널스와 필라델피아 필리스 간의 트레이드를 통해 세인트루이스 카디널스의 주전급 선수이던 커트 플러드가 필라델피아 필리스로 트레이드 되었다.

그런데 커트 플러드는 12년간의 가족들과 함께 살고 있는 세인트루이스에서 정이 들어 평소에 필라델피아 야구장인 필리스의 낡은 홈구장을 싫어했다.

또한 흑인선수였던 커트 플러드는 필라델피아의 인종차별적인 팬들이 많다면서 트레이드를 거부했다.

하지만 메이저리그 선수들은 지난 1922년의 연방대법원의 '프로야구는 독과점금지법을 적용받지 않는다'는 판례 때문에 선수는 트레이드를 거부할 권리가 없는 상황이었고, 커트 플러드는 이에 대해 커미셔너를 상대로 비인간적 처사라는 이유로 법적 소송을 제기했다.

당시에도 메이저리그 선수노조가 있었기 때문에 선수노

조는 커트 플러드 선수 편을 들었지만, 은퇴선수를 제외하고서는 현역선수들은 불이익을 당할까봐 법정에서 아무도 증언하지 않았다.

연방대법원은 "1922년의 프로야구 선수들은 독과점금지법의 적용을 받지 않는다는 판례"를 재확인하면서 구단과 사무국의 승소를 선언했다.

이에 커트 플러드는 "나는 죽지만 후배 선수들을 위해 끝까지 투쟁 하겠다"는 의로운 발상을 하게 된다.

커트 플러드는 1970년 시즌을 포기하기에 이르렀고, 1971년에 다시 다른 팀으로 트레이드 되서 13경기에만 출전한 이후로 은퇴했다. 커트 플러드 선수의 헌신적인 희생은 허사가 아니었다. 그는 은퇴한 이후 메이저리그 선수노조와 구단 및 사무국과의 협상으로 현재의 FA제도, 연봉조정 제도가 생기는 시발점이 되었다.

지난 1998년 반독점금지법에 프로야구를 포함하는 법이 제정됨으로써 선수의 권한은 확대되었고, 그 법은 '커트 플러드 법'으로 명명되었다.

커트 플러드는 비록 초라한 기록을 남겼지만, 자신의 이름을 딴 법까지 제정될 정도로 메이저리그 역사에 남는 선수가 된 것이다.

결국 메이저리그에서 6년을 뛴 선수는 자유계약을 할 수 있다는 FA 권리가 생겨났다.

우리나라는 메이저리그에서 반독점금지법이 시행 된지 1년 후인 1999년부터 자유계약 제도가 도입되었다.

타자는 매 시즌 페넌트레이스 경기 수의 3분의2 출전, 그러니까 144경기를 치르면 96경기 이상 출전해야 한 시즌을 뛴 것으로 간주된다.

투수는 규정 투구횟수의 3분의2 그러니까 144경기의 3분의2, 96이닝 이상을 던지거나 145일 이상 1군에 등록되어 있어야 한 시즌을 뛴 것으로 된다.

그런 식으로 고졸 선수는 9년, 대졸 선수는 8년이 지나야 자유계약의 자격을 얻게 되는 것이다. 그리고 7년을 뛴 선수는 소속팀과 협의를 해서 해외프로야구에 진출할 수가 있다. 넥센 히어로즈 팀에서 메이저리그 미네소타 팀으로 간 박병호 선수의 경우가 여기에 해당된다.

또한 자유계약 선수가 되서 다른 팀과 계약을 한 후 4년마다 계속해서 다시 자격을 얻을 수가 있다. 한화 이글스 조인성 선수가 3번째 자유계약 자격을 얻었다.

그리고 자유계약으로 다른 팀에게 선수를 빼앗긴 팀은 해당 팀에게 그 선수가 받았던 연봉의 300퍼센트나 200퍼센트와 20명의 보호선수 외의 선수 1명을 데려올 수 있다. 그런데 그런 조건은 선수를 빼앗긴 팀이 결정할 수 있다.

사이 영의 실언 때문에 시작된 월드시리즈

1930년 메이저리그 최고 투수였던 통산 511승에 빛나는 사이 영이 기자와의 인터뷰에서 "내셔널리그가 아무리 실력이 향상 되었다고 하더라도 우리 아메리칸리그에는 못 당하지."라고 말했는데, 그 말이 내셔널리그 팀 선수들을 자극했다.

결국 사이 영의 발언이 영원히 평행선을 그으며 달려갈 줄 알았던 아메리칸리그와 내셔널리그가 한번 붙어보자는 발상을 하게 된 계기가 된 것이다.

당시 아메리칸리그는 사이 영이 속해 있었던 보스턴 필그림스, 지금의 보스턴 레드삭스가 아메리칸리그 1위를 달리고 있었고, 내셔널리그는 피츠버그 파이어리츠가 1위를 유지했기 때문에 두 팀 간의 맞대결로 최고의 팀을 가리자는 여론이 일어나기 시작했다.

보스턴 필그림스는 사이 영이라는 최고의 투수를 보유하고 있었기 때문에 내셔널리그 어느 팀이 올라와도 자신이 있었고, 피츠버그 파이어리츠는 사이 영뿐만 아니라 아메리칸리그 최고 팀을 이김으로서 내셔널리그도 만만치 않다는 것을 입증하고 싶었던 것이다.

1903년 보스턴과 피처버그는 '월드챔피언십 시리즈'라는 이름으로 9전5선승제로 맞붙었는데, 1903년 10월 1일 보스턴 홈구장에서 벌어진 1차전 피츠버그 선발은 그 해 25승을 올린 디 콘 필립 투수였고, 보스턴의 선발은 월드시리즈가 탄생하는데 결정적인 역할을 한 너무도 유명한 사이 영이었다.

사이 영이 속해 있는 보스턴에 홈구장이었기 때문에 월드시리즈 첫 공은 사이 영이 던졌다. 그런데 최초의 월드시리즈 1차전은 사이 영이 속해 있는 보스턴이 피츠버그에 3대7로 졌다. 사이 영은 1회초에 4점을 내 주면서 패전투수가 되었다. 그러나 9전5선승제로 치러진 1회 월드시리즈 우승은 1패 이후 사이 영이 2승을 올린 보스턴 필그림스가 피츠버그 파이어리츠를 5승3패로 물리치고 우승을 차지했다.

그러나 월드시리즈는 지금까지 두 번이나 열리지 못했다.

1회 월드시리즈가 열렸던 1903년 이듬해인 1904년 월드시리즈는 열리지 않은 것이다.

내셔널리그 우승팀 자이언츠 팀의 존 맥그로우 감독이 아메리칸리그는 마이너리그 수준밖에 안 된다면서 월드시리즈를 거부했기 때문이다. 사실 아메리칸리그 우승팀 보스턴 필그림스가 너무 막강했기 때문에 존 맥그로우 감독이 겁을 먹었던 것이다.

두 번째 월드시리즈가 열리지 못한 것은 그로부터 약 90년이 지난 1994년이었다.

메이저리그 노사 협정이 1993년 끝났는데, 1994년 새로운 협정을 맺기 위해 노사, 즉 메이저리그 선수 협의회와 메이저리그 사무국이 '연봉 상한제' '자유계약 기간' 등을 놓고 끈질기게 협상을 벌이다가 8월 12일 선수협의회가 파업에 돌입했고, 결국 당시 버드 셀릭 커미셔너가 나머지 시즌을 포기한다고 선언, 결국 월드시리즈가 열리지 못했다.

메이저리그는 월드시리즈에서 홈구장을 정하는 방법이 특이하다. 해마다 메이저리그 올스타전을 벌이는데 이기는 리그에서 홈구장 우선권을 가져간다.

2015년에도 올스타전에서 아메리칸리그가 내셔널리그에 6대3으로 이겼기 때문에 아메리칸 리그 우승팀 캔사스 시티 로열즈 홈구장에서 1,2, 6,7 차전을 벌이고 내셔널리그 우승팀 뉴욕 매츠 홈구장에서 3,4,5 차전을 벌여 캔사스시티 로열즈가 우승을 차지했다. 홈그라운드의 이점을 보지 않았다고 말할 수 없을 것이다.

월드시리즈에 진출한 선수들에게 나눠주는 배당금은 4차전까지의 수입만으로 제한하고 있다.

선수들이 배당금을 불리기 위해 고의적으로 게임수를 늘리는 것을 방지하기 위한 조치다. 매 경기 승리 팀에게는 75%, 패배 팀에게는 25%를 배정하고 팀 내의 세부배부방식은 각 팀에 일임하고 있다.

월드시리즈가 4차전 이후로 넘어가면 양 리그 사무국에 일정 부분을 할당하고 나머지는 구단이 차지하게 된다.

메이저리그는 뉴욕 양키즈가 무려 27번이나 우승을 차지했고, 아직 한 번도 월드시리즈 우승 맛을 보지 못한 팀이 워싱턴, 템파베이, 콜로라도, 시애틀, 텍사스, 휴스턴, 밀워키, 샌디에고 등 모두 8팀인데 추신수 선수가 속해 있는 텍사스 레인저스 팀은 1961년 창단 이후 아직 월드시리즈에서 우승을 하지 못했다.

재팬 시리즈는 1950년에 시작하여 요미우리 자이언츠가 22번이나 우승을 차지하여 명문구단으로 자리 잡고 있다.

우리나라도 프로야구 원년인 1982년 당시 코리언시리즈라는 이름으로 시작돼서 해태타이거즈가 9번 기아 타이거즈가 1번 등 사실상 기아타이거즈가 10번으로 우승을 가장 많이 차지했다.

겨울에 창문 열고
기온을 낮춰 챔피언에 오른 김태식

플라이급 세계 챔피언을 지낸 김태식은 체급 대비 역대 최강의 펀치를 보유하고 있는 선수다.

김태식은 플라이급 선수였지만 페더급 또는 라이트 급 정도의 강펀치를 휘둘렀다. 그러나 지구력에서는 약점을 드러내고 있었다.

당시 세계 타이틀 매치는 15라운드까지 했었기 때문에 김태식으로서는 매 경기 '속전속결'이 최선책이었다.

1980년 2월 17일 장충체육관.

김태식이 베네수엘라의 루이스 이바라가 갖고 있는 WBA 세계 타이틀에 도전하고 있었다. 그런데 수천 명의 관중들은 실내체육관임에도 불구하고 2월 중순의 차가운 칼바람에 떨어야 했다.

이바라가 전 챔피언 곤잘레스와의 세계타이틀 매치에서 15라운드 내내 거의 갖고 놀았다고 할 정도로 엄청난 테크니션이라는 것을 김태식 측은 간파했다.

곤잘레스는 하드펀처였는데, 15회 판정패를 당하는 동안 몇 대 때려보지도 못하고 일방적으로 이바라에게 얻어맞은 것이다. 그래서 이바라와의 경기는 짧게는 2~3라운드 길어야 7~8라운드 안에 승부를 보기로 했다.

그리고 또 하나, 이바라가 베네수엘라라는 더운 나라에서 온 선수이기 때문에 실내 기온을 최대한 낮춰서 컨디션을 급격히 떨어트리는 것이 유리하다는 판단 아래, 경기 시작 공이 울리기 직전 실내공기를 정화한다는 구실로 일시적으로 창문을 모두 열어 놓았기 때문에 관중들이 추위에 떨었던 것이다. 김태식 측에서 더운 나라에서 온 선수가 차가운 겨울날씨에 컨디션이 저하될 것이라는 발상을 한 것이 기가 막히게 맞아 떨어졌다.

1라운드가 시작되자 왼손잡이로 알려진 이바라 선수가 오히려 왼손 잽을 치는 오른손잡이로 나왔다. 이바라의 기술이 워낙 좋기 때문에 왼쪽, 오른쪽 양손을 다 칠 수 있다는 것을 보여주었다. 이바라가 오른손을 앞 손으로 치고 나오자 당황한 김태식이 초반에는 약간 밀렸다. 그러나 2분쯤 지나면서 이바라가 코너에 몰렸다. 그리고 한국 아니 세계 권투 역사에 길이 남을 김태식의 250연발 훅이 작렬하기 시작했다.

김태식이 이바라를 코너에 몰아넣고 자신의 주 무기인

살인 혹을 난타하자 관중들의 엄청난 환호성 때문에 1라운드 끝을 알리는 종료 공 소리를 아무도 듣지 못했다. 덕분에 김태식은 약 10초 동안 수십 발의 펀치를 더 퍼부을 수 있었다.

이바라는 1라운드는 버렸지만 2라운드 접어들자마자 더 이상 저항하지 못하고 장충체육관의 차가운 매트 위에 쓰러져야 했다.

제자에게 엉덩이 피나도록
얻어맞은 야구 감독

프로야구 'SK 와이번스' 이만수 감독은 독실한 기독교 신자다. 두 아들의 이름도 하나님의 하종이와 예수님의 예종이다. 그런데 이만수가 대구상고에 다닐 때 야구 배트를 마구 휘두른 적이 있다. 그것도 불량배들을 상대로 휘두른 게 아니라 자신이 소속되어 있던 대구상고 감독을 향해 수십 차례나 휘두른 것이다.

이만수가 대구상고 1학년 시절 정동진 감독은 훈련에 앞서 선수들이 학교를 출발해 앞산 공원까지 한 바퀴 돌아오도록 했다. 약 1시간 20분 되는 거리였다.

그런데 하루는 선수들이 중간까지만 갔다가 뒤돌아 와서 수돗물에 옷을 적시고는 정동진 감독에게 다녀왔다고 거짓말을 했다. 그러나 정 감독은 불과 50분 만에 앞산까지 다녀올 수 없다고 보고, 선수들을 대동하고 주변의 상인들에게 "이들이 지나가는 것을 봤는가?" 물었다.

다시 대구상고 운동장으로 돌아온 정 감독이 비장한 각

오로 말했다.

"나는 너희들을 가르칠 자격이 없다. 오늘로서 감독을 그만두겠다."

정 감독은 선수들의 만류를 뿌리치고 가방을 쌌다.

정감독이 정말 떠날 것처럼 하자 이내 우는 선수들도 있었다. 그러자 정동진 감독이 선수들이 전혀 짐작하지도 못했던 발상을 했다.

"내가 떠나지 않는 방법이 딱 하나 있다."

선수들은 정 감독의 말을 듣고 다시 조용해졌다.

그러자 정 감독은 선수들 앞에서 엎드려뻗쳐를 했다.

"자 너희들이 야구방방이로 나를 한 대씩 때려라. 살살 때리면 안 된다."

야구선수들의 야구배트는 조폭들의 칼보다도 무서운 흉기다. 보통사람이 야구선수가 휘두르는 배트에 맞으면 사망 아니면 중상이다. 그런데 정 감독은 34명의 선수에게 34대를 그것도 제대로 맞겠다는 것이다.

아무도 배트를 들지 않자 이만수가 배트를 들고 나섰다. 당시 이만수는 교회를 다니기 전이었다.

이만수가 한 대를 내리치자.

"어이쿠......."

정감독이 죽는 소리를 했다.

"아직 33대 남았다. 더 쳐라."

이만수는 끝내 혼자서 나머지 33대를 때린 후 엉엉 울었고, 정 감독의 엉덩이는 피가 흥건히 배어 나왔다.

정 감독은 겨우 일어서더니 절룩거리며 운동장을 빠져나갔다.

선수들은 너무 가슴이 아파 울 수도 없는 지경이 되었다. 그날 이후 선수들 사이에서는 하나의 공감대가 형성되었다.

"우리 이제부터라도 감독님을 위해서 열심히 훈련하자. 그것만이 감독님을 위하는 것이다."

그날 이후 대구상고 야구팀은 마치 하나처럼 움직였다. 정 감독의 한 마디는 바로 법이었다.

그해 대구상고는 가장 먼저 열리는 대통령배, 전국의 모든 야구팀이 출전하는 봉황대기 등 거의 모든 대회를 휩쓸었음은 불문가지(不問可知).

스키점프의 'V 동작'

　인간의 날고 싶은 욕망을 스포츠에 담아낸 스키점프는 북유럽 지방의 놀이에서 유래했다.

　스키점프가 스포츠로 자리 잡은 19세기 중 후반부터로, 1862년 노르웨이에서 첫 대회가 열린 것으로 전해져 오고 있다.

　동계올림픽에서는 1924년 샤모니 대회부터 정식 종목으로 선보였고, 이후 1964년 인스브루크 대회에는 라지 힐(Large Hill) 종목이 추가되었다.

　그리고 2011년 4월 국제올림픽위원회(IOC)가 여자 스키점프를 올림픽 정식종목으로 추가하면서 2014 소치 올림픽에서는 여자 개인경기가 처음으로 열렸다.

　스키 점프는 세부종목이 도약대의 길이에 따라 노멀힐(Normal Hill)과 라지힐로 나뉜다.

　점프대의 규격을 분류할 때는 'K'라는 약자가 쓰이는데 K-95는 비행 기준거리가 95m라는 의미다.

　올림픽에는 남자개인 노멀힐(K-90), 남자개인 라지힐(K-120),

남자 단체경기(K-120), 여자 개인 노멀힐(K-90)에서 4개의 금메달이 걸려 있다.

도약대에서 점프하고 나서 최대한 멀리 날아가 착지해야 하므로 사용되는 스키도 다른 종목과는 다르다. 재질은 나무와 유리섬유로 구성됐고, 길이는 활강 스키보다는 길지만 선수 자신의 키 146%를 넘어서는 안 된다. 스키 길이에 대해서는 처음에는 규정이 별도로 없었지만 1998년 나가노 동계올림픽에서 일본이 금메달 두 개를 휩쓸자 유럽 쪽에서 반발해서 스키의 길이를 제한하게 됐다.

경기에서는 선수가 날아올라 기준거리에 도달하면 기본 점수 60점이 주어진다. 여기에 1m가 늘어날 때마다 라지힐 기준으로 1.8점이 주어지고, 모자라면 반대로 1m에 1.8점씩 감점된다. 노멀 힐에서는 2점이 주어지거나 깎인다.

비행거리 외에 자세도 중요한 채점 항목이다. 5명의 심판이 도약과 비행, 착지에 대해 20점 만점으로 채점해 가장 높은 점수와 낮은 점수를 뺀 나머지 3명의 점수를 합산해 60점을 만점으로 평가한다.

주행과 도약, 비행, 착지 등 4가지로 구분되는 점프 과정에서는 매번 다른 기술이 요구된다.

주행에서는 시속 80~90km까지 속도를 내며 공기 저항을 줄이려고 몸을 웅크리는 것이 중요하다. 주행에서 추진력을 얻은 선수들은 몸을 곧게 펴고 도약대를 차고 날아올라야 한다.

너무 일찍 뛰어오르면 비행이 짧아지고 늦으면 점프가 약해져 정확한 시점을 잡는 것이 중요하다. 그러니까 스키점프는 떨어지기는 하지만, 가장 빨리 떨어지는 선수가 승리하는 게 아니라 가장 늦게 떨어져서 가장 멀리 날아가는 선수가 승리한다. 반 중력 운동이라고 할 수 있다.

비행 시에는 바람에 잘 올라탈 수 있도록 몸을 앞으로 기울이고 스키 앞을 벌려 'V' 자를 만들면 거리를 약 10퍼센트가량 늘릴 수 있다.

'V 동작'은 1985년 스웨덴의 얀 보클뢰브가 처음 선보인 기술로 보클뢰브가 1989년 세계선수권에서 우승하는 등 좋은 성적을 내면서 효과적인 기술로 인정받았다.

얀 보클뢰브가 처음으로 스키 뒷부분을 겹치는 V 자세를 했을 때 많은 사람들로부터 비웃음을 샀지만, 1989년 노르웨이 연구팀의 풍동실험 결과 V 자세일 때가 스키를 나란히 하는 '11' 자세일 때보다 양력이 최대 28%나 증가해서 과학적으로도 얀 보클뢰브의 V 동작이 우세한 것으로 입증되었다.

이후 1992년 알베르빌 동계올림픽에서는 출전한 모든 선수가 'V 동작'으로 경기를 치렀다.

그러나 아이러니 한 것은 얀 보클뢰브가 'V 동작'을 처음 시도해 놓고도 올림픽에서는 금메달을 한 개도 따지 못한 것이다. 얀 보클뢰브 뿐만 아니라 스웨덴 선수가 올림픽 스키점프에서 금메달을 단 한 개도 따내지 못했다.

얀 보클뢰브가 한창 전성기를 구가하던 1988년 캘거리 동계올림픽 때는 부상으로 출전하지 못했다. 오히려 핀란드의 마티 엔시오 뉘케넨 선수가 노멀 힐 개인, 라지 힐 개인과 단체전 등 3관왕에 오르는 맹위를 떨쳤다. 스키점프에서 올림픽 3관왕을 차지한 선수는 마티 엔시오 뉘케넨 선수가 유일하다. 그러나 마티 엔시오 뉘케넨 선수처럼 사생활 관리를 하지 못한 선수도 드물다.

선수 시절에는 핀란드 최고의 영웅으로 대접받았으나, 은퇴 후 여러 차례의 결혼과 이혼, 연예계 진출 등으로 가십거리에 올랐다. 가수 활동은 별다른 성공을 거두지 못하고 한때는 생활고에 시달리기까지 했으며, 2000년대에는 폭행, 살인미수 등으로 몇 차례 체포되기까지 했다.

1988년 캘거리 올림픽에 부상으로 출전하지 못했던 얀 보클뢰브는 1989년 세계선수권대회에서 금메달을 차지해 올림픽에 대한 한을 풀기도 했다.

스키점프는 1924년 제1회 파리 동계올림픽 때 처음 정식 종목으로 채택이 되었고, 1964년 인스부르크 올림픽 때는 노멀 힐에 이어서 라지 힐까지 정식종목으로 채택이 되어 2개로 늘어났다.

2014 소치 올림픽부터 여자종목이 추가 돼서 이제 단일 올림픽에서 4개의 금메달이 주어지고 있다.

그동안 45개의 금메달이 주인공을 찾아갔는데, '나는 핀란드인' 이라는 별명을 갖고 있는 핀란드가 10개의 금메달을 획득해 1위를 달리고 있고, 그 뒤를 이을 노르웨이(9개), 오스트리아(6개), 그리고 독일(5개)이 따르고 있다.

스키점프에서 금메달을 1개 이상 가져간 나라는 모두 11개국인데, 그 가운데 'V 동작'을 개발한 스웨덴이 1개도 따내지 못하고 있는 것이다. 스웨덴의 은메달 1개, 동메달 1개 등 2개의 메달을 땄다. 스키점프 역사상 가장 쇼킹한 사건은 1972년 삿포로 올림픽에서 일어났다.

일본은 원래 1940년 동계올림픽을 개최하려 했지만, 제2차 세계대전으로 32년이나 늦은 1972년에 동계올림픽(삿포로)을 개최하게 되었다. 그러나 개최국으로 금메달 후보가 눈에 띄지 않아서 고심을 하고 있었다.

일본은 선택과 집중을 택했다. 알파인이나 노르딕 그리고 봅슬레이 등 설매와 스피드 스케이팅, 아이스하키, 피겨 등 빙상 종목에서는 메달을 따낼 가능성이 없기 때문에 스키점프에 총력전을 펴기로 했다.

당시 일본의 스키점프 선수는 300명이 넘었고, 동호인까지 합하면 1천여 명이나 되었다. 스키점프가 고도의 훈련을 받아야만 하는 스포츠라는 점에서 유럽에 비해 뒤지지 않는 스키점프 인구였다. 일본 대표 선수들(8명)은 7명의 코치로부터 거의 일대일 지도를 받으며 홈그라운드 이점을 십분 활용했다.

일본은 삿포로 올림픽 노르딕 스키의 70m급 점프(지금의 노멀 힐)를 싹쓸이 했다.

금메달은 가사야 유키오, 2위는 곤노 아키쓰구, 3위에 아오치 세이지 등 일본 선수가 시상대를 독점해 '히노마루 비행대'라는 명성을 얻었다. 가사야 유키오의 금메달을 일본이 동계올림픽에서 따낸 첫 번째 금메달이었다.

스키점프에 출전한 4명의 선수 가운데 또 다른 1명 후지사와 다카시는 1회째 점프에서 4위를 기록해 2회째 실패가 없었다면 4위까지 독점할 수도 있었다. 일본이 삿포로 올림픽에서 따낸 메달은 스키점프에서 따낸 3개(금, 은, 동메달)이 전부였다.

가사야 유키오는 1970년 세계선수권대회에서 은메달을 따 낸 후 2년 뒤 일본 삿포로에서 열리는 올림픽에서 금메달을 차지하기 위해 절치부심 했다. 그 결과 첫 번째 시도에서 84m를 날아 다른 선수들의 기를 꺾어 놓은 후 두 번째 시도에서도 가장 먼 거리를 날아 대망의 금메달을 거머쥐었다.

1998년 나가노 동계올림픽 때는 개최국 일본의 후나키 가즈요시 선수가 라지 힐 개인전과 단체전 2관왕에 올라, 일본 선수로는 동계올림픽 사상 처음으로 2관왕을 차지한 선수로 남아 있다.

후나키 가즈요시 선수가 필요 이상으로 긴 스키를 타고 금메달을 따내자 유럽에서 스키의 길이를 제한하자는 의견이 나오기 시작했고, 2002 솔트레이크시티 올림픽부터는 스키의 길이가 선수 자신의 키의 146%를 넘지 못하도록 했다. 그러니까 키가 170cm인 선수는 스키의 길이가 248.2cm를 넘지 못하게 되었다.

쇼트트랙 스피드 스케이팅의 신기술

마지막 순간 스케이트 날을 앞으로 밀어 넣는 그 신기술의 원조는 한국 쇼트트랙이다.

쇼트트랙은 400m의 롱트랙 스피드스케이팅에 비해 보다 111. 12m(60m, 30m)의 짧은 트랙에서 경기를 하기 때문에 쇼트트랙 스피드스케이팅(Short track speed skating)이라고 부른다. 일반적으로 줄여 '쇼트트랙'이라고 한다.

스피드 스케이팅선수가 신은 스케이트화와 쇼트트랙선수의 스케이트화가 비슷해 보이지만 쇼트트랙용 스케이트는 코너를 돌기 쉽도록 날이 중심보다 왼쪽에 붙어 있는 특징이 있다.

쇼트트랙은 우리나라가 1985년 이탈리아 벨루노 동계 유니버시아드 대회에서 가능성을 보고 집중적으로 육성해 온 종목이다. 1986년 삿포로 동계아시안게임에 정식종목으로 채택이 되서 당시 세계최강 일본에 이어 종합 2위를 차지했다. 쇼트트랙은 동계 스포츠 강국인 캐나다가 최강국이었다. 캐나다는 쇼트트랙의 올림픽 정식종목 채택에 심혈을 기울이고 있었다. 결국 쇼트트랙은 캐나다가 개최하는 동계올림픽, 1988년 캘거리 동계올림픽에 시범종목으로 채택이 되면서 더욱 각광을 받기 시작했다. 우리나라는 캘거리 동계올림픽에서 김기훈이 1500m, 이준호가 3000m에서 금메달을 따면서 세계무대에서 경쟁력을 갖기 시작했다.

1992년 알베르빌 동계올림픽은 쇼트트랙이 정식종목으로 채택이 되는 기념비적인 대회라고 할 수 있다.

한국은 당시 국내 일인자였던 김기훈과, 이준호 등이 주축이 된 남자 5000m 계주에서 금메달을 기대하고 있었다. 김기훈은 1992년 알베르빌 올림픽과 이어서 2년 후에 벌어진 1994년 릴레함메르 올림픽에서 모두 3개의 금메달을 따냈다.

당시 김기훈은 '외다리주법', '호리병 주법' 그리고 '날 드밀기'라는 세 가지 신기술을 선보였다. 지금은 대부분의 선수들이 사용하고 있는 그 주법들은 당시 혁신적인 기술이었다.

우선 '외다리 주법'은 두 다리를 엇갈리며 트랙을 달릴 경우 원심력 때문에 몸이 바깥으로 밀려나 계속 인코스에서 달리는 것이 어려워진다. 그러나 한 쪽 다리를 들고 왼손으로 얼음판을 짚고 코너를 돌면 속도를 줄이지 않고 인코스에서 계속 레이스를 펼칠 수 있다.

그러니까 외발 주법은 코너에서 양발을 쓰는 대신 외발만 사용해 원심력을 줄이면서도 스피드를 더해 쫓아오는 선수의 추월 타이밍을 빼앗는 기술이다.

'호리병 곡선 주법'은 코너를 돌 때 상대가 원심력 때문에 빈틈을 보이면 레인 안쪽으로 파고 들어갔다가 다시 코너 바깥쪽으로 나오는 기술로 뒤따라오는 선수의 추격을 막을 수 있다.

호리병, 외발주법은 모두 상대보다 더 긴 거리를 주행해야 한다. 강인한 체력 없이는 불가능한 기술이다. 지금은 전 세계 모든 선수들이 '호리병' '외발 주법'을 구사한다.

김기훈은 신기술을 사용해 1992년 알베르빌 올림픽 1000m 에서 금메달을 차지해 한국이 1948년 스위스에서 열린 생모리츠 동계올림픽에 처음 출전한 이후 44년 만에 동계올림픽에서 금메달을 따내는 쾌거를 이루어 냈다.

김기훈은 남자 5000m 계주에서는 이준호, 송재근, 모지수와 함께 출전, 한국 대표 팀의 마지막 주자로 나서 결승라인을 통과하기 직전까지 캐나다 선수에게 간발의 차로 뒤졌으나 골인 순간 스케이트 날을 쭉 내밀었다. 그야말로 대역전승을 거뒀다. 금메달과 은메달의 차이는 불과 0.04초였다. 듣도 보도 못한 '날 드밀기' 신기술 때문에 은메달이 금메달로 바뀐 것이다.

한국 국가대표 선수 김기훈은 이 같은 맹활약으로 알베르빌 동계올림픽에서 금메달 2개, 은메달 1개, 동메달 1개로 일본을 11위로 밀어내고 사상 처음으로 종합 10위를 차지했다.

한국은 1994년 릴레함메르 동계올림픽에서는 김기훈의 1000m 올림픽 2연패와 함께 채지훈이 남자 500m, 그리고 전이경이 여자 1000m와 3000m 계주에서 2관왕이 돼서 4개의 금메달과, 은메달 1개, 동메달 1개 등 모두 6개의 메달로 종합 6위까지 올랐다. 이제 명실 공히 동계올림픽 강국이 된 것이다.

1998년 나가노 올림픽에서는 김동성, 전이경 2명의 선수가 김기훈 선배로부터 물려받은 '날 드밀기' 기술로 금메달을 차지했다.

1998년 일본에서 열린 나가노 동계올림픽 여자 쇼트트랙 1000m 결승에서 경기 중반까지 하위권에 처져 있던 전이경은 마지막 코너에서 인코스로 선두권 대열에 파고들어 결승선을 앞두고는 오른발을 내밀어 금메달을 따내는 대역전극을 연출했다.

같은 대회에서 남자 1,000m 결승에서 2위로 처져 있던 김동성은 결승선을 통과하는 순간 스케이트 날을 앞으로 내밀어 중국의 리자준을 제치고 극적인 역전우승을 차지했다. 결승 라인을 통과할 당시 김동성의 몸은 리자준 보다 뒤에 있었다.

스케이트 날 끝이 결승선을 통과하는 순서로 승부를 가린다는 규칙을 이용한 작전의 승리였다.

'바깥돌기' 기술은 경쟁이 치열한 인코스에서의 순위다툼을 피하고 가속도를 이용해 바깥쪽으로 크게 회전하는 기술이다. 한 바퀴를 돌 때 마다 다른 선수 보다 5~10m는 더 타야 하기 때문에 체력소모가 너무나 커서 엄청난 체력훈련이 뒷받침 되어야 하는 고난도 기술이다.

2006 토리노 동계올림픽에서 안현수와 진선유가 각각 1000m와 1500m에서 2관왕을 차지했고, 단체전마저 석권해 3관왕에 올랐는데, 바로 '바깥기술'을 발휘한 덕분이었다. 이후 2010 밴쿠버 올림픽에서 이정수가 1000m와 1500m에서 2관왕을 차지했다.

이정수는 안현수의 바깥돌기 기술을 더욱 진화시켰다. 레이스 안쪽에 선수들이 몰려 추월이 어려울 때 이정수는 뒤쪽에서 틈을 보다가 바깥으로 빠져 기습적으로 치고 나오는 기술을 보여줬다.

선두 뒤로 치고 들어가는 것보다는 안정적으로 페이스를 유지하다 확실하게 선두로 치고 오를 자신이 있을 때만 바깥돌기 기술을 구사한 것이다.

한국은 개인전뿐만 아니라 단체전에서는 의표를 찌르는 작전으로 여자 3000m 계주에서 올림픽 4연패에 성공했다.

1994년 릴레함메르 올림픽에서 남자 단체전 2연패에 실패했지만, 여자 3000m 계주에서 처음으로 금메달을 따냈다.

이후 1998년 나가노 올림픽에서는 달리고 있는 선수가 다음 주자의 엉덩이를 힘껏 밀어주며 스피드를 높이는 전법으로 막판 2바퀴를 남겨놓고 대역전극을 펼치며 라이벌 중국을 따돌리고 올림픽 2연패에 성공할 수 있었다.

2002년 솔트레이크 시티 올림픽 여자 3000m 계주 결승전에서는 한 선수가 반 바퀴를 더 도는 전술, 즉 다른 선수들이 등을 밀어주며 교대할 때 교대를 하지 않고 과감하게 전진해 스피드를 유지하는 전법으로 중국을 제치고 또 하나의 금메달을 따냈다. 그리고 2006년 토리노 올림픽 여자 3000m 계주 결승전에는 파워가 떨어지는 선수를 1번 주자로 내보내면서 기존의 주자기용 틀을 완벽하게 깬 작전으로 역시 금메달을 목에 걸었다. 공교롭게 한국이 단체전에서 다른 나라의 의표를 찌르는 작전으로 3개 대회 연속 금메달을 따냈다. 릴레함메르 올림픽 이후 대회마다 중국과 1위 자리를 다퉜는데 중국 선수들의 심리를 크게 자극시킬 만큼 완벽한 작전 성공으로 최고 자리를 이어갈 수 있었다.

스키의 프리스타일 주법

크로스컨트리 스키 종목은 눈이 쌓인 산이나 들판에서 스키를 신고 정해진 코스를 가능한 빨리 완주하는 경기다.

언덕이 포함되어 있는 코스를 개인출발로 시간을 재거나, 단체출발로 선수 간의 순위로서 결과를 내는 경기로 강인한 체력과 인내력, 뛰어난 활주기술을 갖추어야 한다.

동계 스포츠에서 쇼트트랙과 스피드스케이팅 등의 빙상 종목이 강세인 한국에서는 크로스컨트리가 아직 많이 알려지지 않고 있다. 그러나 한국에서는 비록 비인기종목이지만, 크로스컨트리는 하계 및 동계올림픽 종목을 통틀어 가장 오랜 역사를 지닌 종목이다.

크로스컨트리는 '노르딕 스키'의 한 종류다. 노르딕 스키는 '북방(北方)'을 뜻하는 '노르드(Nord)'에서 유래한 명칭이다. 노르웨이를 비롯한 북유럽의 스칸디나비아 지방에서 발달한 경기다. 스칸디나비아의 산지는 대부분 낮은 언덕과 평지로 이루어져 있는데, 긴 겨울에 눈이 많이 쌓인 지역을 이동하기 위한 수단으로서 스키가 발달하여 오늘날 겨울

스포츠의 대표적 종목으로 자리 잡게 되었다.

노르딕 스키는 크로스컨트리, 스키점프, 노르딕 복합 이렇게 3가지 종목으로 나뉜다. 평지와 언덕을 가로질러 긴 코스를 완주하는 거리 경기(크로스컨트리스키), 미끄럼대 등 정해진 시설을 이용하는 공중을 비약하는 점프 경기(스키점프), 이 두 가지를 합친 복합 경기(노르딕 복합)로 발전하였다.

그 가운데 크로스컨트리는 하계 및 동계올림픽종목을 통틀어 가장 오랜 역사를 지닌 종목이다. 러시아에서 발견된 6000년 전의 동굴 벽화에서 스키를 타고 순록을 쫓는 사냥꾼들의 모습을 볼 수 있고, 옛날부터 겨우내 눈이 쌓인 지역에서 스키는 주요 이동수단으로 이용되어 오고 있다.

크로스컨트리는 동계올림픽 종목이 되기 이전부터 군인들에게 중요한 이동수단이었다. 1500년대 스웨덴의 군인들은 스키를 필수 장비로 보유하였다고 한다. 그리고 1767년 노르웨이에서 최초로 군인들의 크로스컨트리대회가 열린 기록이 남아있다. 그 이후로 시대의 변천에 따라 차츰 스포츠의 형태(현재의 상태)로 발전하였다. 동계올림픽에서는 1924년 프랑스의 샤모니에서 열린 제1회 대회부터 정식종목으로 채택되었다.

샤모니 올림픽에는 모두 4종목이 열렸는데 노르웨이의 하이크 선수의 독무대였다. 그리고 노르웨이 선수들이 전

종목을 석권했다.

18km 크로스컨트리는 노르웨이 하이크 선수가 1시간 14분 31초의 기록으로 팀 동료 그르럼스브라텐(1시간15분51초)을 1분20초나 따돌리고 첫 번째 금메달을 차지했다. 50km 크로스컨트리도 하이크가 3시간 44분 32초의 기록으로 금메달을 차지해 하이크는 2관왕에 올랐다.

50km 크로스컨트리는 노르웨이가 1위부터 4위까지 상위권을 휩쓸었고, 노르웨이 선수 외에 다른 나라 선수로는 스웨덴의 퍼손 선수가 겨우 5위에 랭크되었을 뿐이다.

하이크는 크로스컨트리와 점프의 복합종목도 석권해 3관왕을 차지했고, 노르웨이는 복합에서도 1위부터 4위까지 석권했다.

마지막으로 치러진 점프에서도 노르웨이는 탐스, 보나, 하이크 선수가 금, 은, 동메달을 모두 가져갔는데, 결국 하이크 선수는 금메달 3개, 동메달 1개 등 자신이 출전한 4종목에서 모두 메달을 땄다.

이후 1980년대 중반까지 60여 년 동안 스키의 크로스컨트리는 고전적인 클래식 주법만 열리고 있었다. 그런데 크로스컨트리에서 혁명이 일어났다.

고전적인 주법만 고집하던 크로스컨트리 스키에서 '스케이팅 주법'이 개발되면서 아예 종목이 새로 생겨난 것이다.

원래 크로스컨트리 경기는 스키가 평행을 이룬 상태에서는 빠른 걸음을 걷듯 앞뒤로 움직이는 '클래식 주법'으로 경기가 진행되었다. 그런데 스케이트 선수들이 빙판을 달릴 때처럼 좌우로 지치며 이동하는 스케이팅 주법이 우연한 계기로 생겨났다.

1970년대 핀란드 선수였던 파울리 시토넨은 자신이 출전한 지역 대회에서 멀찍이 뒤로 처져 있던 중 우연히 좌우로 스키를 지치자 더 빨리 움직일 수 있다는 것을 깨달았다. 파울리 시토넨은 그 대회에서 스케이팅 주법으로 역전 우승을 차지했다.

그 후 미국의 빌 코크가 1982년 세계선수권대회에서 그 주법으로 또다시 우승을 차지하면서 스케이팅 주법은 본격적으로 세계적인 주목을 받기 시작했다.

스케이팅 주법을 놓고 논란이 일어나자 그에 대한 대처 방안을 고심하던 국제스키연맹(FIS)은 결국 1987년 세계선수권대회부터 아예 스케이팅 주법을 사용할 수 있는 프리스타일 경기를 따로 분리해 개최하기 시작했다.

스케이팅 주법은 올림픽 무대에는 그로부터 5년 후에 정식종목으로 채택이 되었다. 스케이팅 주법, 즉 프리스타일 주법은 1988년 캘거리 동계올림픽에서는 시범종목으로 열렸고, 1992년 알베르빌 동계올림픽부터 정식종목으로 채택이 되서 현재까지 열리고 있다.

한편 프리스타일 종목에서는 클래식컬 주법, 프리스타일 주법, 혼합 주법 어느 쪽도 가능하다.

그러니까 프리스타일 주법은 수영의 자유형처럼 선수 자신이 가장 빨리 달릴 수 있는 자유로운 주법이라고 할 수 있다. 그러나 프리스타일 주법의 경우 거의 모든 선수들이 프리스타일 주법을 활용하고 있다. 프리스타일 주법은 '스키는 원래 눈 위에서 빠르게 미끄러지는 것'이라는 극히 자연적인 발상에서 생겨난 주법이다.

얼음 위를 스케이트로 활주하는 것과 같은 역 V자로 활주하기 때문에 활주 방향으로의 중심 이동, 특히 무릎 방향을 스키의 탑 밴드 쪽으로 향하도록 할 필요가 있다.

또, 폴 워크는 양 폴 동시 동작을 한다. 항상 가슴을 뻗치고 전방을 보고 활주를 한다.

프리스타일 활주는 어느 주법보다 높은 속도를 내는 활주법이다. 그래서 중심 이동과 그 방향성은 스피드를 늦추지 않도록 하는 것이 중요하다.

특히, 하반신과 상반신의 밸런스와 활주 리듬이 중요하다. 주법의 연습에서는 그 점을 항상 의식해서 숙달하도록 해야 한다.

크로스컨트리의 기본적인 장비로는 스키와 폴 그리고 부

츠가 있다. 또한 클래식 스키와 프리 스키는 다르다.

클래식스키가 프리스키보다 길고 폴은 프리 폴이 클래식 폴보다 긴 편이다. 장비는 일반 스키 장비보다 대체로 가벼운 소재로 구성 되어 있으며, 의복은 스판 재질의 경기 복으로 상의와 하의를 착용하고, 모자와 장갑 그리고 선글라스를 착용하고 스키를 탄다.

올림픽 종목에는 남자선수는 개인 스프린트, 팀 스프린트, 인터벌스타트(15km), 스키애슬론(30km), 매스스타트(50km), 계주(4×10km) 6개의 경기를 치른다.

여자선수는 개인 스프린트, 팀 스프린트, 인터벌스타트(10km), 스키애슬론(15km), 매스스타트(30km), 계주(4×5km)의 6개의 경기를 치르며, 올림픽 대회에서 총 12개 세부 종목 경기를 치르게 된다.

아이스하키 골리의 버터플라이 스타일

대한체육회에 가맹된 55개 종목 가운데는 육상, 수영, 역도 등 개인종목도 있고, 축구, 농구, 배구, 야구 등 단체 구기종목도 있는데, 구기 종목 가운데서도 골키퍼를 두고 있는 종목은 축구, 필드하키, 핸드볼, 수구 등 4개의 하계종목과 동계종목인 아이스하키가 등 5개 종목뿐이다.

각 종목 골키퍼는 '잘해야 본전'이라는 말처럼 득점을 올릴 수 없는 포지션이기 때문에 다른 포지션 보다 책임감이 막중하고, 실수가 곧 실점을 연결되기 때문에 스트레스를 많이 받는다.

축구 골대는 가로 7m32cm, 세로 2m44cm로 구기 종목 가운데 가장 골문이 넓고, 골리라고 불리는 아이스하키 골키퍼가 막아야 하는 골대 크기가 높이 1.22m, 너비 1.83m로 가장 좁다.

골키퍼들은 골문 안에 최소 20~30km 최대 200km가 넘는 엄청난 속도로 날아오는 공에 몸을 날리거나 스틱으로 막아내기 위해서는 빠른 판단력과 순발력이 필요하다.

또한 상대 공격수와 1대1이 되었을 때 언제 뛰어나갈 것인지, 각도를 어떻게 좁힐 것인지 판단을 해야 하고, 프리킥이나 코너킥 상황에서 공을 잡을 것인지 쳐 낼 것인지도 수시로 판단을 해야 한다. 그리고 현대 스포츠에서는 골키퍼가 수비 진영까지 리드하는 카리스마도 갖고 있어야 한다.

우선 축구 골키퍼의 키는 클수록 좋다. 그러나 키가 크면 공중 볼 처리가 쉽지만, 그 대신 땅볼에 약하게 마련이다.

따라서 골키퍼는 1m90cm 안팎의 키(여자 골키퍼는 1m80cm)에 동물적인 판단력과 순발력을 보유하면 금상첨화인데, 이제까지 최고의 골키퍼는 소련 출신의 야신 선수다.

현역시절 거미손이라고 불렸던 야신은 골키퍼가 갖출 수 있는 모든 것을 갖췄다는 평가를 받았고, 그의 업적을 기리기 위해 1994년 미국 월드컵부터 2006년 독일 월드컵까지 최고의 골키퍼에게 '야신 상'을 수여했었다.(2010년 남아공 월드컵 이후에는 골든글러브상으로 바뀌었다)

핸드볼 골대는 높이 2m 넓이 3m로 축구 골대보다 훨씬 작지만, 상대 슈팅이 6m 안쪽에서 온몸을 날리면서 손으로 던지기 때문에 막기가 어렵다.

그리고 몸에 보호 장구 없이 상대 선수가 던지는 공을 온몸, 심지어 얼굴로 막아야 하기 때문에 몸이 성할 날이 없다. 핸드볼 골키퍼가 가장 막기 어려운 코스가 얼굴 정면으로 날아오는 숯이다. 피하자니 골이 될 것 같고, 막자니 얼굴이 만신창이가 될 게 뻔하다.

골키퍼가 선방을 할 경우 상대팀 선수들이 일부러 골키퍼 얼굴에 공을 던쳐서 기를 죽여 놓는 경우도 비일비재하다. 핸드볼 골키퍼는 적어도 2경기에 한번 골을 얼굴에 공을 얻어맞으며 나뒹굴어야 한다. 축구는 한 경기당 한두 골을 허용하면 패하지만, 핸드볼은 설사 30골을 먹더라도 이기는 경우가 허다하기 때문에 골을 허용하는 것에 익숙해진다.

수구 골키퍼는 가로 3m, 수면에서 0.9m의 골대 앞에서 오로지 골키퍼라는 뜻의 1번이 새겨진 빨간 모자를 쓰고 1.8m의 깊이 수영장에서 늘 떠 있어야 한다.

수구는 가로 20m 세로 30m의 경기장을 7분씩 4피리어드로 진행돼 총 경기 시간은 28분으로 5종목 가운데 가장 짧지만, 28분 내내 물 위에서 격렬하게 움직여야 하기 때문에 엄청난 체력이 요구된다.

수구는 골키퍼 보호구역인 골라인이 없기 때문에 바로 눈앞에서 던지는 둘레 70cm 안팎, 무게 400~450g의 수구 공을 온 몸으로 막아내야 한다.

아이스하키와 필드하키는 일단 보호 장구와의 싸움에서 이겨야 한다. 아이스하키는 펜츠, 스케이트, 레그, 페드, 가슴 보호대, 글러브, 방패, 스틱, 마스크 그리고 국부보호대까지 착용하면 무게만 20kg 안팎이 된다. 보호 장구를 다 착용하는 데는 보통 15분 이상이 걸리고, 필드하키 골키퍼는 아이스하키의 절반인 8~9kg 정도의 보호 장구를 갖추고 경기를 해야 한다.

아이스하키 골대는 높이 1.22m, 너비 1.83m , 필드하키 골대는 넓이 3.66m 높이 2.14m로 아이스하키 골대가 더 작지만, 퍽(공)의 스피드가 훨씬 빨라서 두 종목 골키퍼의 고충은 비슷하다고 볼 수 있다.

아이스하키나 필드하키나 모두 골이 많이 나지 않는 경기이기 때문에 골을 허용하면 곧바로 패배로 연결되어 골키퍼들의 스트레스가 이만저만이 아니다.

두 종목 모두 수비수를 따로 두고 있지만 설사 수비수가 잘못되어 점수를 허용 하더라도, 최종 책임은 골키퍼가 져야 한다.

더구나 슈팅 된 공(아이스하키는 퍽이라고 함)의 스피드가 아이스하키는 최고 250km까지 나올 정도로 빠르기 때문에 골키퍼의 동물적인 감각이 요구된다.

또한 아이스하키 골키퍼는 5종목 가운데 유일하게 '골리'라고 부르는데, 그저 골키퍼를 구어체로 부르는 것일 뿐 별다른 뜻은 없다.

모든 종목의 골키퍼는 1명뿐이다. 따라서 팀마다 포지션 경쟁이 치열하다. 그 팀에 골키퍼가 4명 있는 팀은 주전 경쟁이 4대1이고, 5명이면 5대1이다.

감독으로 볼 때는 매 경기 가장 안정감이 있는 골키퍼를 중용(重用)하는 경향이 있기 때문에 후보 골키퍼들은 출전기회를 잡기 어렵다. 골키퍼는 스포츠 가운데서도 3D 종목에 들어가지만, 거의 골이나 마찬가지인 공을 동물적인 감각으로 잡거나, 0대0이나 백중의 경기에서 골키퍼의 환상적인 방어로 승리를 거둘 때의 기분은 골키퍼만이 느낄 수 있는 쾌감이라고 할 수 있다.

모든 종목의 골키퍼들은 항상 똑같은 기술, 패턴으로 상대팀의 슈팅을 막아왔다. 언제나처럼 골키퍼들에게는 빠른 판단력과 민첩한 움직임을 요구해 왔다.

그런데 아이스하키 골리들의 방어자세가 크게 바뀌는 것을 어떻게 보면 혁명적인 일이 생겼다.

초창기 아이스하키 골리들은 축구나 핸드볼의 골키퍼들과 마찬가지로 골대 앞에 서서 경기를 했으나, 점차 바닥에 주저앉아 양 무릎을 서로 붙인 채 정강이를 좌우로 펼치는 자세로 바뀌었다.

두 다리와 팔을 옆으로 펼친 모습이 나비를 닮았다는 이유로 '버터플라이 스타일'로 명명된 이 자세는 다리 보호대로 골대 아랫부분을 완전히 가릴 수 있기 때문에 낮은 슈팅을 쉽게 막아낼 수 있다.

1950년대 이름을 날렸던 골리 '글렌 홀'이 처음 선보인 이 자세는 1970~1980년대에 걸쳐 마스크가 개발돼 골리들이 퍽에 맞을 걱정 없이 낮은 자세를 취할 수 있게 되면서 보편화했다.

물론 글렌 홀이 처음 버터플라이 스타일로 방어자세를 취할 때 많은 사람들이 비웃었다. 서서 방어 하는 것보다 민첩성이 떨어지기 때문에 비효율적이라는 평가 때문이었다. 글렌 홀도 처음에는 서서 방어를 하는 것 보다 실점률이 높았다. 그러나 3~4 게임 치른 후부터 방어율이 부쩍 높아졌고, 급기야 다른 골리들도 따라 하기 시작했다.

이제 세계 아이스하키 최정상리그인 북미아이스하키리그 (NHL)는 물론 세계아이스하키 선수권대회나 동계올림픽에서 과거처럼 선 자세로 수비하는 골리는 거의 없다.

■ 저자 기영노

스포츠 평론가
한국 핸드볼발전재단 이사
방송작가

〈저서〉
『재미있는 스포츠 이야기』
『올림픽의 어제와 오늘』
『농담하는 프로야구』
『미스테리 스포츠』
『대통령과 스포츠』
『설렁설렁 스포츠』 등.

역발상, 스포츠 역사를 바꾸다

초판 1쇄   2016년 7월 27일
초판 2쇄   2017년 5월 10일
초판 3쇄   2019년 10월 15일
저   자   기 영 노
발 행 인   권 호 순
발 행 처   시간의물레
등   록   2004년 6월 5일
등록번호   제1-3148호
주   소   서울시 마포구 마포대로 4다길 3(1층)
전   화   02-3273-3867
팩   스   02-3273-3868
전자우편   timeofr@naver.com
블 로 그   http://blog.naver.com/mulretime
홈페이지   http://www.mulretime.com
I S B N   978-89-6511-157-3 (03690)
정   가   12,000원